プレ・デザインの思想

建築計画実践の11箇条

小野田泰明

TOTO
建築叢書

装幀　中島英樹

はじめに

建築計画者。建築設計の前提条件をデザインするこの聞きなれない職能が私の仕事だ。クライアントと擦り合わせを詳細にしながら、面積表や施設ダイヤグラムを作って設計の前段を整えるのが役割であり（図0－1）、時には設計者の選定から、空間の設計、運営条件の設定までを担当する。しかしながら、なじみがないだけになかなか理解してもらえない。それでも何回か説明しているうちに、建築設計と共通点の多い映画製作の例を借りると共有されやすいことに気がついた。つまり、建築家＝映画監督、建築計画者＝脚本家というわけである。

カメラ、音響、照明、衣装といった多様な専門家をまとめながら、ある目標に向けて全体をドライブさせていく映画監督の職能は、他領域を束ねながらひとつの建築を作り出す建築家のそれに近い。一方、映画の現場で脚本家が担うのは、混沌とした社会の中から作品として取り出すに値する題材を見出して、プロットに転換し、時間軸で整理してストーリー（脚本）に錬成する。すなわち、成果物の質を担保するための基本条件を作る行為である。ここには、①社会と作品をつなぐ媒介者として状況からプロットをつかみ出す、②デザインの前提となる各条件を整える、③デザインに時間的な要素を組み入れる、といった建築計画者と共通する側面を見ることができる。

両者には、作品と社会との間をつなぐプレ・デザイナーという共通点の一方で、いくつかの違いも存在する。例えば、脚本家は登場人物をストーリーという時間の中に埋め込んでいくが、建築計画者は利用者（登場人物）が振る舞いやすいように空間を設定する。前者は空間をイメージしながら時間を確定し、後者は時間をイメージしながら空間を確定していくのである。

このように建築計画者にとっては人間と空間の関係を構築することが中心的な課題となるのだが、ここで別の問題が立ち上がる。空間は、建築物そのもののように際立った輪郭をもつわけではないので、直接的に操作できず、形をもたないために良しあしを感覚的に示すことも難しい厄介な存在であるということである。

では、直観的にも判断が難しいとすれば、プレ・デザインの根拠はどこに求めればよいのだろうか。愚直だが、空間の使われ方を実際に調べて、それをフィードバックするのが、今のところ最も確度の高い方法となっている。つまり、建築計画者が建築計画の研究者を兼ねる傾向があるのは、職能が十分に確立していないため教育・研究機関で禄を食まざるを得ないという情けない理由のほかに、プレ・デザインの判断には空間の実際の使われ方とその論理を知ることが有用だという事実が深く関与しているのだ。

しかしここ十数年、そのような状況にも変化が生じている。社会的要請の多様化と高度化、リスク概念の一般化で、学識者といえども、現場に参画するには実務に対する錬度が要求されつつある。さらには研究の領域においても、成熟し、専門性が高まる中で、専心が求められている。結果、両者が共存する機会は減り、

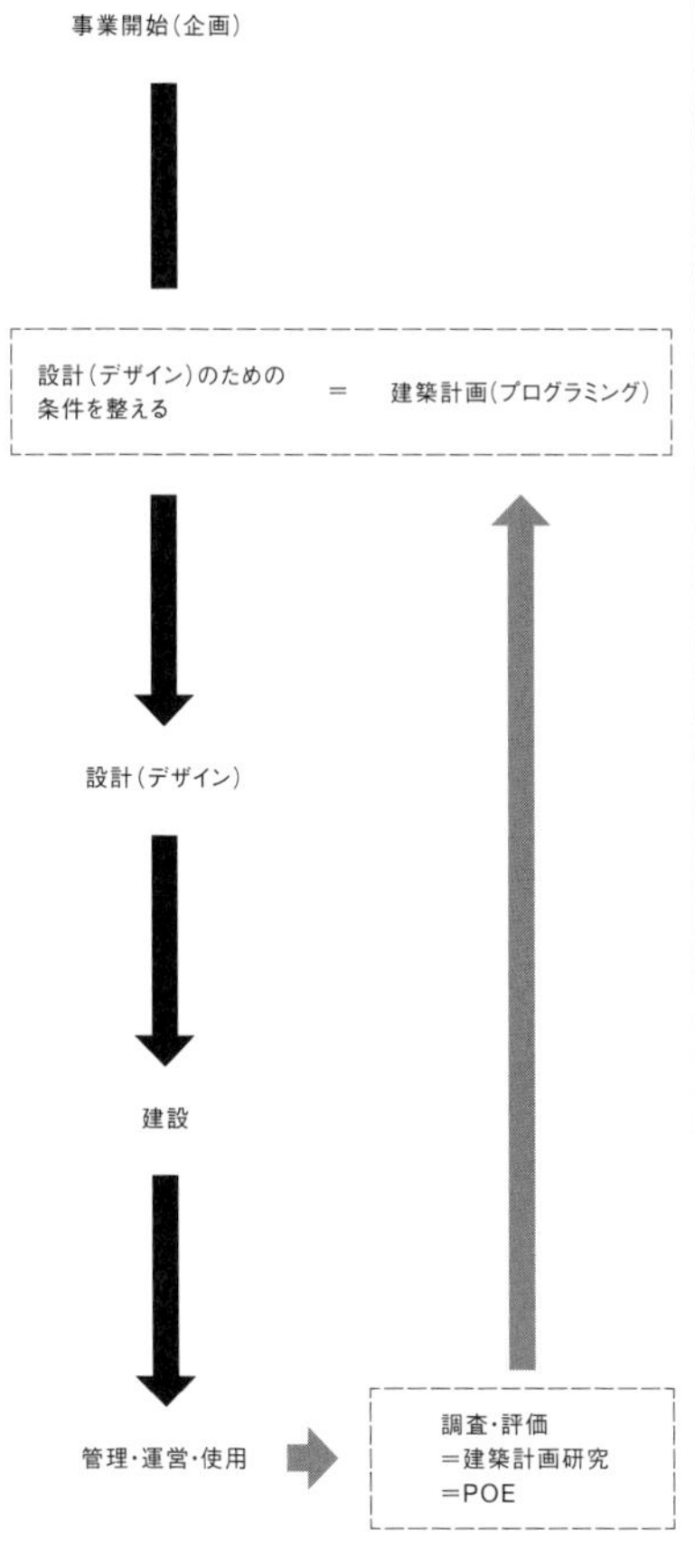
事業開始（企画）
設計（デザイン）のための条件を整える
＝
建築計画（プログラミング）
設計（デザイン）
建設
管理・運営・使用
調査・評価
＝建築計画研究
＝POE
図0-1　建築計画者の位置付け

優れた担い手も少なくなっているようだ。本書を通じて、建築計画実践の意義を問うてみたいと考えたのには、こうした背景も存在する。

筆者がこれまで参画したプロジェクトをプロットしたのが図0－2であり、次のこの3つの業態が混在している。

①建築家に雇われて平面構成やその使い方などをチェックするコンサルタント
②クライアントに直接雇われて事業や計画のフレームを作るプランナー
③建築家と共同で実際の建築デザインに関わる共同設計者

建築計画者というと①のコンサルタントが思い浮かぶかもしれないが、脚本家を兼ねた有名映画監督の下で本の手直しをしているようなもので、本当の意味でのプレ・デザイナーではない。本来、②の業態が理想なのだが、社会的認知が十分ではないために、そうした注文が来ることはほとんどない。それで、③の形態を借りながらプレ・デザインに取り組むことが多くなっている。これはこれで建築家とともに形に対する責任を正面から引き受けなければならず、本書でこれから述べる空間のもつ包括的側面をフォローする余力を残し難いタフな道である。

<table>
<tr><td>①コンサルタント
建築家に雇われて平面構成やその使い方等をチェックする。
C
施主
A
建築家
P
計画者</td><td>●1993-1997
名取市文化会館
設計:槇文彦+槇総合計画事務所　計画コンサルタント:小野田泰明
●2002-2007
横須賀美術館
設計:山本理顕+山本理顕設計工場　計画コンサルタント:小野田泰明</td></tr>
<tr><td>②プランナー
クライアントに直接雇われて事業や計画のフレームを作る。
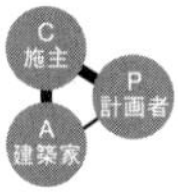C
施主
P
計画者
A
建築家</td><td>●1994-2001
せんだいメディアテーク
設計:伊東豊雄+伊東豊雄建築設計事務所
コーディネート:東北大学建築計画研究室（小野田泰明、菅野實、福士譲）
●2006-2009
流山市立小山小学校
設計:佐藤総合設計　コーディネート:小野田泰明
●2008-2011
東北大学工学研究科センタースクエア
設計:山本・堀アーキテクツ
コーディネート:小野田泰明、本江正茂、佐藤芳治</td></tr>
<tr><td rowspan="2">③共同設計者
建築家と共同で実際の建築デザインに関わる。
C
施主
A
建築家
P
計画者</td><td>●1993-1996
丘の家―仙台基督教育児養護施設
設計:針生承一+針生承一建築研究所+東北大学建築計画研究室
計画:東北大学建築計画研究室（菅野實、小野田泰明、瀬戸信太郎）
●2000-2002
せんだい演劇工房10box
設計:八重樫直人+ノルムナルオフィス+東北大学建築計画研究室
計画:東北大学建築計画研究室（小野田泰明、坂口大洋、菅野實）
●2001-2004
S市営A住宅
設計:阿部仁史+小野田泰明+阿部仁史アトリエ
計画:東北大学建築計画研究室(小野田泰明、菅野實、堀口徹、有本優史郎)
●2006-2008
東北大学百周年記念会館萩ホール
設計:阿部仁史+小野田泰明+阿部仁史アトリエ
計画:小野田泰明　劇場コンサルタント:坂口大洋</td></tr>
<tr><td>●2000-2002
苓北町民ホール（くまもとアートポリス:63）
設計:阿部仁史+小野田泰明+阿部仁史アトリエ
●2001-2002
S社本社ビル計画
設計：阿部仁史、本江正茂、小野田泰明、千葉学、曽我部昌史
●2003-2008
伊那市立伊那東小学校
設計:みかんぐみ+小野田泰明</td></tr>
</table>

図0-2　建築計画者の3つの業態

このように説明していっても直感的にわかりにくい職能であることは変わらない。そこで、建築計画実践を行う際、私自身が重要と思われる事柄を列記することから始めようと思う。あれこれ考えながら到達したのが次の11項目である。

(1)空間は、ひとの行動によって切り開かれる。
(2)ひとの行動と空間の状況は相互浸透的なものである。
(3)機能は、空間を操作可能な状態に縮減する発明である。
(4)ダイヤグラムや面積表は、機能を建築に定着する、計画の有効な道具である。
(5)ダイヤグラムは、便利だが道具に過ぎない。道具に使われてはならない。
(6)空間で、ひとを自由に操ることはできない。
(7)良い空間は、ひとをつなげ、コミュニティの基盤となる。
(8)良い空間の裏側には、ちゃんとした運営が存在する。
(9)良い空間は、良い計画プロセスによって、初めて成就する。
(10)良い計画プロセスは、社会における縦と横の信頼によって支えられている。
(11)良い計画プロセスには、しっかりした職能とそれを社会に位置付ける仕組みが不可欠である。

（1）（2）は空間の概念、（3）（4）（5）はその操作、（6）（7）は空間の効用と限界、（8）は運営、（9）（10）はプロセス、（11）は職能の話である。以降、これらの文章を拠り所にしながら、建築計画者の仕事を概観していく。

目次

はじめに 3
第1章 空間は、ひとの行動によって切り開かれる。 13
第2章 ひとの行動と空間の状況は相互浸透的なものである。 27
第3章 機能は、空間を操作可能な状態に縮減する発明である。 43
第4章 ダイヤグラムや面積表は、機能を建築に定着する、計画の有効な道具である。 53
第5章 ダイヤグラムは、便利だが道具に過ぎない。道具に使われてはならない。 67

第6章　空間で、ひとを自由に操ることはできない。 83
第7章　良い空間は、ひとをつなげ、コミュニティの基盤となる。 99
第8章　良い空間の裏側には、ちゃんとした運営が存在する。 117
第9章　良い空間は、良い計画プロセスによって、初めて成就する。 141
第10章　良い計画プロセスは、社会における縦と横の信頼によって支えられている。 149
第11章　良い計画プロセスには、しっかりした職能と
それを社会に位置付ける仕組みが不可欠である。 163
あとがき 175

第１章　空間は、
ひとの行動によって切り開かれる。

空間

空間については、アリストテレスの昔から、哲学、物理学、数学、社会学、建築・都市学など、さまざまな領域で気の遠くなるような議論が重ねられている。その全部を網羅するには、膨大な労力やそれらを包含しうる才能が必要で、とても筆者の手に負えるものではない。そこで建築計画に関わる部分からまず取り掛かることとしたい。

そもそも空間がなければ人間は生きていけない。私たちが生活の糧を得たり、他者と関係を結ぶのも空間という媒体があってこそである。このように空間という言葉から思い浮かぶのが、ひとやモノの容器としての役割である。しかし、空間は単なる容器でもない。

例えば、図1-1は家の内部空間だが、家の壁によって縁取られており、ひとのいる所と容器としての空間は一致する。けれども図1-2のように原っぱに木が生えていて、その木陰に誘われてひとが集まっているような場合には、空間は確実に存在しているが、容器としての限定があるわけではない。そこでは空間は、実際に関わる主体の中にある。共通性はあるにしても、それぞれによって捉えられる内容は異なっているのだ。このように空間には、具体的な広がりによって規定される計測可能な側面とそれぞれの主体によって生きられる側面のふたつが内包されている。このふたつこそ、17世紀初頭に活躍した偉大な哲学者デカルトが、自ら考案した直交座標系によって分離

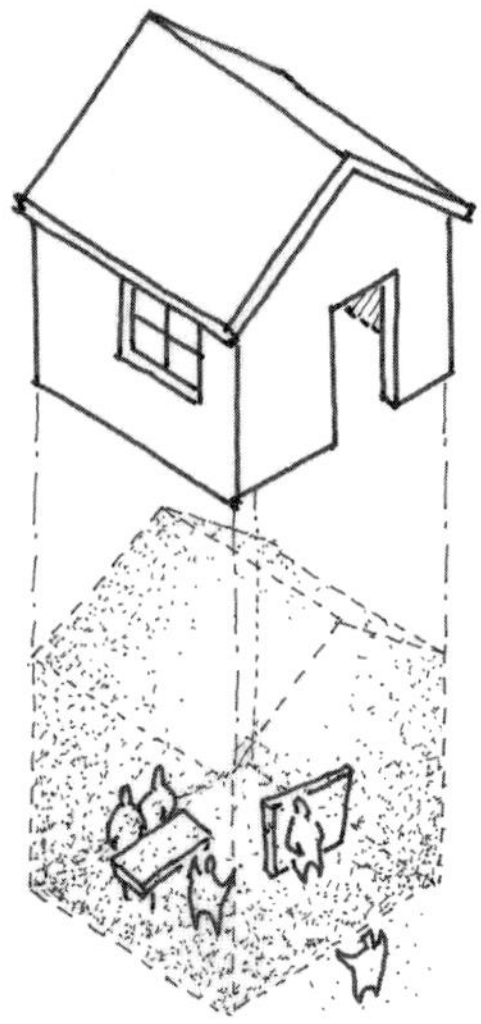

図1-1　空間 A：家の中

図1-2　空間 B：木のまわり

した物理的空間と生きられた空間の区分であり、近代を生み出した原動力となる考え方だ。オットー・フリードリッヒ・ボルノウがのちに『空間と人間注1』の中で詳しく述べている対比も大きくはこの中に位置付けられる。

デカルトの区分は明確ではあるけれど、現在から見れば粗っぽい整理だし、いくつかの問題も含まれていた。そのため、計測可能な空間の方はのちにニュートンらによって絶対空間として整理されていく。一方、このニュートンとの激しい往復書簡で知られるドイツの大物理学者・哲学者のライプニッツは、こうした外形的に決められる方向を補完する、より込み入ったやり方で空間の問題を深化させる。空間とはあらかじめ定められた何かではなく、あるコトとあるコトの関係性によって生成されるという立場である。何もない宇宙が、星や物質の存在によって、初めてその広がりが説明できるといった感じに近いかもしれない。エッジではなく、包含される物質相互の関係によって、空間が規定されるとするこの見立ては、のちの量子力学などにもつながっていく深い思索なのだが、大変なのでここでは深追いしない。ともかくこのようにして空間は、静かな容器なのではなく、ひとの生やものの配置と深く関わる動的な概念であることが明らかにされてきた。

こうして見ていくと行為が空間を定義付ける。すなわち「行為→空間」という関係が成立していることが読み取れる。そして、この「行為→空間」は、ある可逆性も有している。例えば、「ワークショップ」、「フォーラム」は、それぞれある活動を示す言葉として現在使われている。しかし、

「ワークショップ」が中世の工房を、「フォーラム」がギリシャの広場を指す言葉であったように、これらはもともと空間の呼称であった。それが、のちにそこで行われる活動の名前として用いられるようになったわけだ。つまり、長い年月をかけて、空間の名称が行為（活動）の名称に変化したのである。こうした事例は、行為と空間の間に「行為↕空間」という関係が時に成立することを示している。

場所と空間

空間に関する言及は、先のボルノウの他にも、クリスチャン・ノルベルグ＝シュルツ[注2]やエドワード・レルフなどによってさまざまになされている。最も丁寧な分類のひとつであるレルフの『場所の現象学[注3]』では、空間が、実用的空間、知覚空間、実存空間、建築・計画空間、認識的空間、抽象的空間の6つに分類されている。

①実用的空間…日常生活における無意識的な活動が行われる空間
②知覚空間…各個人が知覚し直面する自己中心的な空間
③実存空間…文化集団構成員として世界を具体的に経験する中で明らかになる空間の内的な構造

④建築・計画空間…新しく空間を生み出すための操作対象としての空間
⑤認識的空間…考察の対象とされる空間の一形態で幾何学と地図が指すところの空間
⑥抽象的空間…論理的関係の空間でかつ記号論的思考の到達点

それぞれ明確な整理がなされていて便利ではあるが、それらがどのように生成したかという相互関係については、今ひとつわかりにくい。

一方で、これらの書物においては、空間と場所の関係について多くのページが割かれている。空間の問題を考える上では、場所の問題を問うことは必須なのである。ここで登場する重要な理論家が、実存主義で広く知られる哲学者、マルチン・ハイデッガーだ。ハイデッガーの哲学では、自らが望む存在（可能態）に向かって自らを投げ込む（企投）ことが、生きることの本質だとされているのだが、その際にフィールドとなる空間や場所に重要な意味が与えられる。そのため、彼の言節は建築理論ともつながりが深く、これまで幾度となく理論家や建築家によって参照されている。[注4～6]ハイデッガーの影響を受けた建築理論に関しては、国内では増田友也をはじめとする何人かの論者が知られており[注7]、国際的にはクリスチャン・ノルベルグ=シュルツが有名である。もちろん、ここで語るには手に余るのでそれぞれ学習していただきたいが、重要な知見が含まれているので、少しだけ触れておきたい。ノルベルグ=シュルツによると、ハイデッガーは、「空間はその存在を場所から受け取るのであり、空間そのものではない」とした上で、「人間の場所に対する本質的な関係およびそれを通した空間との関係は、住まうことにある」と位置付ける。人間がまず愛着をもって起点とするのが「場所」、そこから生み出され、ひとの生の可能性を投げ込む先が「空間」であると区別するのだ。こうした記述は、ハイデッガーの影響を受けている先述のレルフにも見られ、「場所」はひとが経験し愛情を抱く実在のもの、「空間」は抽象的でひとが憧れを抱く可能態的な性格をもつもの、とされている。『Space and Place[注8]』などの著作で知られる人文主義地理学者のイーフー・トゥアンの言節では、「空間」が人間によって意味付けされていくことを通じて「場所」となる、という趣旨が述べられており、「場所→空間」ではなく、「空間→場所」となっている。しかしながら、ここでも起序は異なるとはいえ、人間の生が充填される可能態としての役割を有する「空間」と、それを支える実態としての「場所」という図式は共通している。

空間の生産

空間は人間の生を保証するとともに、人間が生を投げ込むことによってその存在が示されていく双方向の存在であるという前節での整理はある確からしさをもっているが、それと同時に実存主義哲学が直面した難題を引き受ける。個々人にとって、空間は可能態の企投先だとしても、多くの主体が入り乱れる実社会においてはそれを独占することが許されてはいない。ジャン＝ポール・サルトルが、「まなざし」という比喩を使って説明した他者性の問題である。では、他者や上位のシステムなどとの間で関係を調整しながらその中で生きていかなければならない現代社会のわれわれにとって、空間はどのような可能性をもったものとして開かれるのだろうか。これについてなされた重要な思索がフランスの思想家アンリ・ルフェーブルによる『空間の生産[注9、10]』である。彼は、われわれが生きるのは、素の空間ではなく、さまざまな社会関係によって複雑な織物のように構築された空間であり、マーケットやシステムによって抽象化され、構造化され続けているそれらの中で生きるには、そのダイナミズムを理解しなければならないとした。そこで提示されたのが、「空間の表象」、「表象の空間」、「空間的実践」という3つの概念による動的な枠組みである。「空間の表象」とは、空間を活用してさまざまな財やパワーを生み出す計画側の論理で構築されていくもの、「表象の空間」とは、人びとが詮無い日常生活の中で、自らの生をその空間の中に刻印した結果としての空間、そして両者の中で生み出されながら、両者を調停する活動であり、そうした結び付きに関する認識の成立する場が「空間的実践」である。前2者間の緊張関係を離れ、日常生活の中で「空間的実践」を積み重ねることで、空間の中に新たな社会関係を構築するとともにそれを知覚していくこと、すなわち、社会的諸関係の空間化こそが、空間の生産なのである。膨大な事項をもとに丁寧に積み上げたその言節は、空間の社会的意味を考える上でも重要な思想として理解されており、社会と空間の弁証法を熟考したエドワード・ソジャ[注11]や時間による空間の圧迫を分析したデヴィッド・ハーヴェイ[注12]など、現代の重要な論者に基礎を与えている。

建築との関連

ここで、建築設計の領域に目を転じてみよう。ミース・ファン・デル・ローエの「ユニバーサルスペース」にしても、ル・コルビュジエの「ドミノシステム」にしても、モダニズムの初期には「形」ではなく「空間」そのものを志向した痕跡を数多く見ることができる。それに先立って建築の近代的可能性を追及したアドルフ・ロースにおいても「装飾は罪」という有名な言明の一方で、丹念に空間構成を追った「ラウムプラン」という方法論が探求されている。しかしモダニズム建築のこうした発意は、のちにロバート・ヴェンチューリが看破したように[注13]、アヒルの土産物屋がアヒルの形を真似るのと同じように、モダニズムの理念を表現するためのモダニズムデザインといった自家撞着に陥ってしまう。このようにモダニズムが、その空間創出の意図を貫徹することができなかった理由には、前節でも見たように、空間には、行為によって逐次的に生産される性質があり、建築家にとっては、語れはしても最後まで付き合うのは難しい面倒な作業であることが関係している。

もちろん、こうしたひとの活動によって紡がれる空間の特徴に建築家が無頓着であったわけでは決してない。例えば、ル・コルビュジエは、「ノーブル・ブルート（高貴な野人）」と呼ばれる理想の身体を自作の吹き抜け空間の中に執拗に描き込んだが（図1-3）[注14]、これは、高い知性と同時に強い身体をもった主体の運動を通じて、空間には意味が与えられることを知っていたからにほかならない。一見ニュートラルに見える空間だからこそ、シャドーボクシングに励む実践的な主体によって、具体的に切り開かれなければいけないわけだ。こうした傾向は、現代の建築にも強く受け継がれている。ベルナール・チュミの有名な定式「Architecture=Event×Space[注15]」は建築の意味を形態から空間とそこで行われる行為へと転換した重要な宣言であるし、現代において伊東豊雄、SANAA、レム・コールハースらが実空間として作り出しているものにもそれは通底する。

しかし、その一方で現代建築においては、空間を切り開く人物像の設定に微妙な変化が表れている。現代の建築家が作り出すのは、近代建築が志向した強固に彫琢された形態によって切り出された明快な空間ではない。行為を楽しむ人びとの活動によって意味が与えられる「微差を内包しながら一体的に連続する空間」である。そしてここでは、ル・コルビュジエが描いたような抽象的なヴォイドから空間をたたき出す強力な個性は必要とされておらず、代わって想定されているのが、群として思い思いの活動を展開するしなやかな身体である。さらに特筆できるのは、前節で見たルフェーブルのアプローチに呼応するかのように、社会的諸関係の空間化を射程に入れたものが見られることである。例えば、AMOの活動などには、マーケットや政治のダイナミズムが前景に押し

図1-3　ル・コルビュジエによるスケッチ：ノーブル・ブルート

出されており[注16]、MVRDVが先鞭をつけたデータスケープの創出とそのディバイスとしての建築といった手法では、「空間的実践」のフロントとして建築空間が投げ出されている。

　このように空間を物理的な構築物としてではなく、そこでの出来事を含んだ動的な状態で捉えるべきだとする志向は、建築界においても強くなっている。そして、そうした志向は、伊東や妹島に限らず、日本の建築家の間にも広く強く共有されてきた考え方でもある。例えば、『アクティビティを設計せよ！[注17]』を著した小嶋一浩、作品集に「ビヘイビオロジー（ふるまい学）」というタイトルを付けたアトリエ・ワンなど[注18]、自らの言節の中で、そうした方向性を明確にしている建築家も多い。

　これまで、空間の言節に関してその概要を見てきたが、これらから、それぞれに概念の異なる3つの層が絡み合っていることがおぼろげながら見えてくる。

(1)デカルトが問題にしたひとや文化によって生み出される空間と科学的に計測され交換可能な空間の対立関係であり、実存主義が投げかける問題を包含し、ルフェーブルの提示した空間の生産とも深く関わる領域。

(2)ライプニッツが述べた関係によって紡ぎ出される空間の問題に通底するもので、宇宙の広がりや空間のもつ理念的方向性について開かれているもの。数学と比較的親和性が高く、原広司らの建築論[注19]にも通じる立場で、空間原論的な領域。

(3)人間の意識を通じて生み出される世界と実社会との関係性の間に広がる領域。建築デザインのミッションである空間の想像/創造活動とは切り離せない。

この3つの層は、理論家の正木俊之による空間論の整理と近似している。[注20] 彼は空間に関する議論を、①生きられる空間と計測空間、②物質の布置と空間、③空間意識と実空間、といった3つの位相で考えることが可能だとしているが、前述の(1)~(3)は、正木の①~③に重なってくる。空間について語るには、その特性によって細かく分けるだけでは見えてこない、こうした位相ともいうべき、次元の異なる複数の層の存在を頭に置いておくことが欠かせない。

こうして考えていくと、建築を作ることは、自らの思念に基づき形の構成やものの配置を整理する（3）だけではなく、空間の広がりとそれを紡ぎ出す人びとの活動に関与することで（1）、空間の原理そのものに肉薄するもの（2）であることが見えてくる。それでは、空間と人間の活動の関係は直接的にはどのようになっているのだろうか。興味は次の段階に移行する。

1 Otto Friedrich Bollnow, *Mensch und raum*, W. Kohlhammer, Stuttgart, 1963／オットー・フリードリッヒ・ボルノウ著、中村浩平・大塚恵一・池川健司訳、『人間と空間』、せりか書房、１９７８

2 Christian Norberg-Schulz, *Existence, Space and Architecture*, Studio Vista, London, 1971／クリスチャン・ノルベルグ＝シュルツ著、加藤邦男訳、『実存・空間・建築』（ＳＤ選書78）、鹿島出版会、１９７３

3 Edward Relph, *Place and Placelessness*, Pion, London, 1976／エドワード・レルフ著、高野岳彦・石山美也子・阿部隆訳、『場所の現象学』、筑摩書房、１９９１

4 Martin Heidegger, "Bauen Wohnen Denken", 1951／マルチン・ハイデッガー著、中村貴志訳、『ハイデッガーの建築論　建てる・住まう・考える』、中央公論美術出版、２００８

5 伊藤哲夫・水田一征編訳、『哲学者の語る建築──ハイデガー、オルテガ、ペゲラー、アドルノ』、中央公論美術出版、２００８

6 Adrian Forty, *Works and Buildings: A Vocabulary of Modern Architecture*, Thames & Hudson, London, 2000／エイドリアン・フォーティー著、坂牛卓他訳、『言葉と建築──語彙体系としてのモダニズム』鹿島出版会、２００５

7 増田友也、『増田友也著作集』、ナカニシヤ出版、１９９９

8 Yi-Fu Tuan, *Space and Place: The Perspective of Experience*, University of Minnesota Press, Minneapolis, 1977／イーフー・トゥアン著、山本浩訳、『空間の経験──身体から都市へ』、筑摩書房、１９８８

9 Henri Lefebvre, *La production de l'espace*, Éditions Anthropos, Paris／アンリ・ルフェーブル著、斉藤日出治訳、『空間の生産』、青木書店、２０００

10 斉藤日出治、『空間批判と対抗社会―グローバル時代の歴史認識』、現代企画室、2003

11 Edward William Soja, *Thirdspace: Journeys to Los Angeles and Other Real-and-Imagined Places*, 1996, Wiley-Blackwell, Oxford, 1996／エドワード・ソジャ著、加藤政洋訳、『第三空間―ポストモダンの空間論的転回』、青土社、2005

12 David Harvey, *The Condition of Postmodernity: An Enquiry into the Origins of Cultural Change*, Wiley-Blackwell, Oxford, 1989／デヴィッド・ハーヴェイ著、吉原直樹訳、『ポストモダニティの条件』、青木書店、1999

13 Robert Venturi, Denise Scott Brown, Steven Izenour, *Learning from Las Vegas: The Forgotten Symbolism of Architectural Form*, The MIT Press, Cambridge, 1977／ロバート・ヴェンチューリ＆D・ブラウン・S・アイゼナワー共著、石井和紘他訳、『ラスベガス―忘れられたシンボリズム』（SD選書143）、鹿島出版会、1978

14 Le Corbusier et Pierre Jeanneret, *Œuvre complète 1910-1929*, Les Editions d'Architecture, Zurich, 1937

15 Bernard Tscumi, *Architecture and Disjunction*, MIT Press, Cambridge, 1994／ベルナール・チュミ著、山形浩生訳、『建築と断絶』、鹿島出版会、1996

16 AMO/Rem koolhaas, Domus d'Autore, «Post-Occupancy», Domus, Italy, 2006

17 小嶋一浩、『アクティビティを設計せよ！―学校空間を軸にしたスタディ』（エスキスシリーズ1）、彰国社、2000

18 Atelier Bow-Wow, *Behaviorology*, Rizzoli, New York, 2010

19 原広司、「空間の基礎概念と〈記号場〉」、『時間と空間の社会学』（岩波講座 現代社会学6）、岩波書店、1996

20 正木俊之、『情報空間論』、勁草書房、2000

第２章　ひとの行動と空間の状況は相互浸透的なものである。

人間と空間に関する研究

ひとの活動が空間を紡ぎ出していくのだとしたら、実際にひとはどのように動き回って空間を作り出しているのだろう。建築家のみならず、過去多くの科学者が挑んだこの問いは、空間を考える際に避けて通れないテーマであると同時に志半ばで倒れた屍《しかばね》が累々と横たわる困難な領域でもある。こうした難しい課題に挑戦するには、やはり先人の知恵に頼るのが手っ取り早い。空間認知と呼ばれる領域を中心になされた優れた仕事を見ることから始めてみよう。

この分野を代表する成果のひとつにエドワード・ホールの『かくれた次元[注1]』がある。動物のなわばり行動や群れをなす動物の近接状態の観察によって得られる動物行動学の知見を近接学（プロクセミックス）として発展させたこの研究では、ひととひとがどのくらいの距離にある時にどういった行動が取られるかがわかりやすく類型化されている。若干性急な感じも否めないが、丁寧な観察を下敷きにしたその整理は明快で、多くの知るところでもある。

この時代は、文化人類学や構造主義哲学が世界的に広く受容されたこともあって、人間の行為とその背景にある文化について優れた探求が数多く行われている。社会学ではアーヴィング・ゴッフマンが『集まりの構造[注2]』をまとめて人間の集合の問題を整理し、ロジャー・パーカーは人間の行動をルーティン化された特定のまとまりに整理する行動セッティング論を提示[注3]、フィリップ・シールらは人

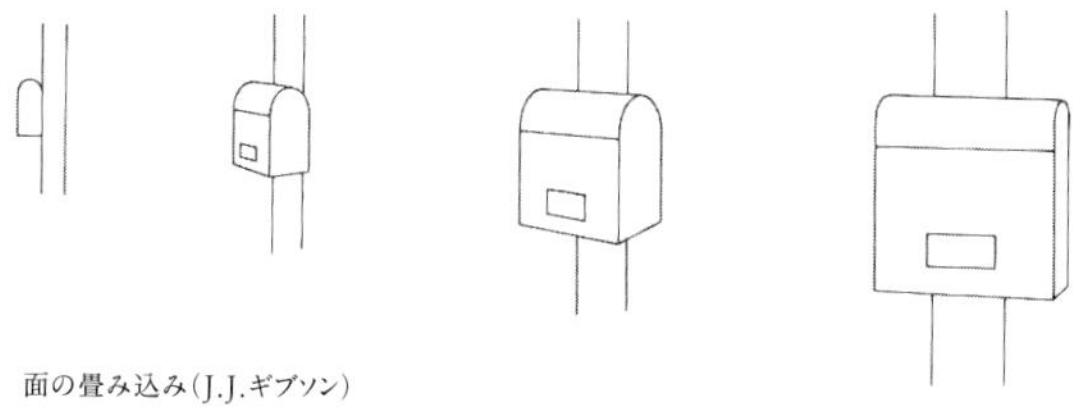

図2-1　面の畳み込み(J.J.ギブソン)

間の移動と視覚の記述方法を深化させる[注4]など、研究がさまざまに発展する。それら一連の流れを概観する上で大きな役割を果たしたのが、エイモス・ラポポートである。彼は人間の行動と環境に関して行われた過去の研究成果を渉猟し、環境行動学（EBS: Environment-Behavior Studies）という研究領域を打ち立てたが[注5]、認知学、社会学、都市・建築学の境界にまたがったその仕事は、さまざまな分野に影響を与えている。また、公共空間と人間行動の実際的な関係を丁寧に説き起こしたC・C・マーカスの一連の仕事のような実践的な研究もこの時代の価値ある成果である。[注6]

このように、行為・空間・文化という3者の関係を中心に多くの研究が生み出され、認知科学など独自分野が前進したこの時期、認知の考え方そのものに衝撃を与える出来事が起こる。J・J・ギブソンが提唱したアフォーダンス理論[注7]だ。わかりやすく要約すると、従来型の「感覚器官が受け取った環境からの刺激が脳での処理を経て筋肉に伝わる一連の反応」、すなわち刺激（Stimulate）、反応（Reaction）、行動（S−R行動）とは違った方法で、人間と環境の関係は説明できる（すべきな）のではないかという着想である。つまり、われわれはそう見がちであるが、人間の受け取る視覚情報は、外部にある一つひとつの「物（フォーム）」に由来するのではなく、実際には単なる包囲光の入力であり、言い換えれば光を反射もしくは吸収する面（サーフェス）の連なりとして網膜上に投影されているに過ぎないというところから出発する。網膜上に像を結ぶ、光の立体角の境界線の中に畳み込まれた面が、ひとの動きによって引き出されていくことで初めて形が理解される(図2－1)。認知がひととそれを取り巻く面の間に作り出される関係の中で絶えず調整される動的で相互浸透的なものだとするこの考え方は示唆に富んでおり、日本でも良き紹介者、佐々木正人の著作[注8]によって、広く知られている。

空間と人間の関係については、日本の建築関係者の間でもユニークな研究が展開されている。原広司や藤井明は世界の集落調査で得た貴重な経験をもとに、アクティビティコンターという記述手続きを用いて場所の特性を表現しているし[注9]、群衆流動研究を作り上げた渡辺仁史らを中心とした研究グループの成果も特筆に値する。[注10〜12] また、大野隆造[注13]や舟橋國男[注14]などの日本と海外の研究を架橋する多くの成果も見逃せない。これらの研究が得たところは大きく、そのストックは今も貴重な財産となっている。もちろん、その他にも優れた成果が蓄積されている。[注15〜17]

このように空間認知の世界は豊穣で、うっかり正面から入ると迷子になりかねない。そこで本書では、筆者らが「せんだいメディアテーク」などで実施した「人間天気図」プロジェクトを拠り所に考えを進めてみたい。[注18]

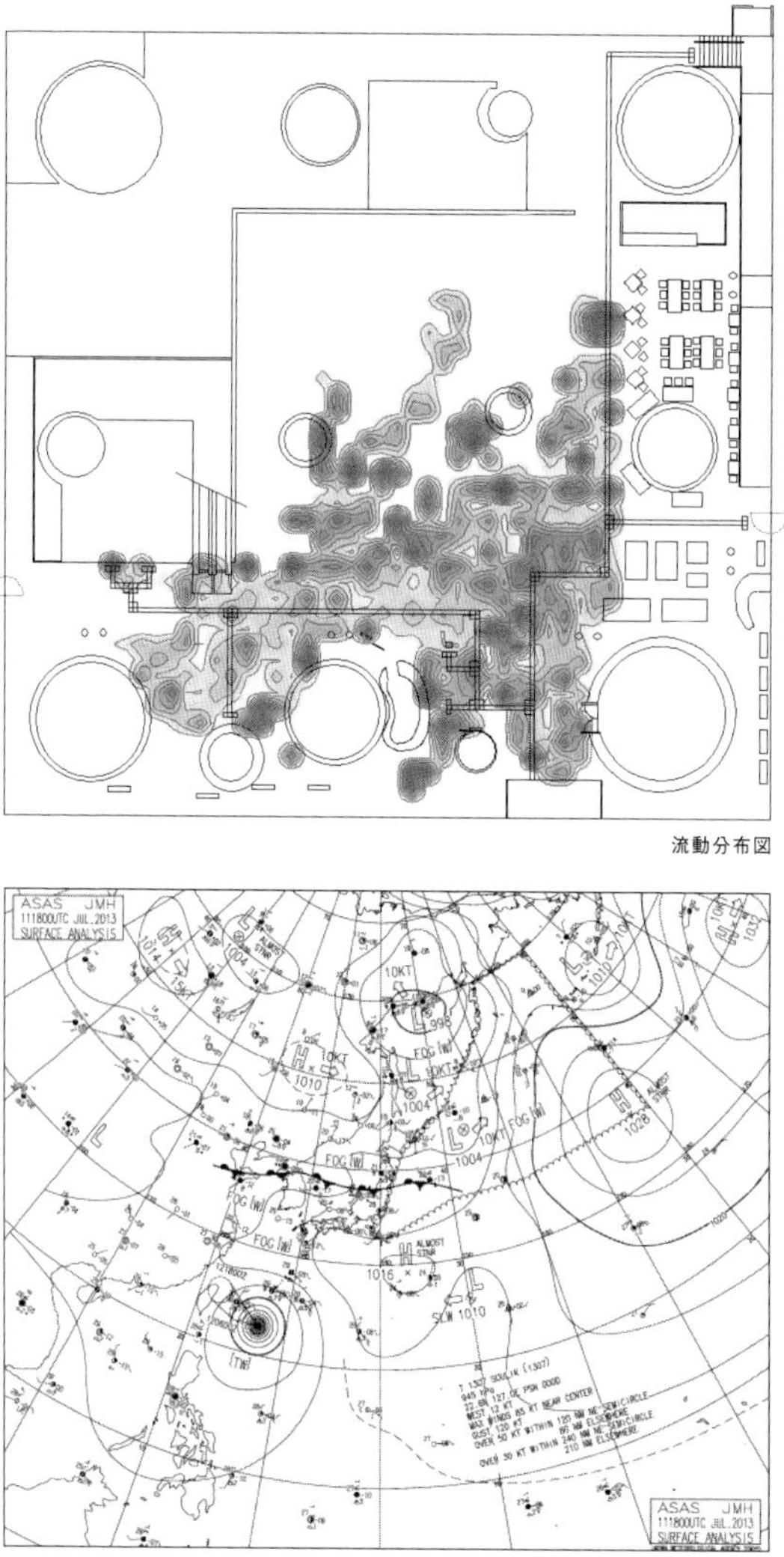

図2-2　人間天気図とは

7) 平均速度データの算出：グリットごとに速度データを平均化する。
＊グリッドコンバージェンス（場所データへ）分析対象フロアを1000mm角のグリッドに分割し、角グリッドに含まれる速度ベクトルを、そのグリッドが持つ場所のデータを算出。対象フロアの大きさを考慮し、表現上最大でも2000mmが限度と判断。しかし，成人の歩行速度が2000mm/sec以下であるため、2000mmでは同じグリッド内に同じ人物の動きがいくつも含まれる。1000mmと500mmで試行を行い、500mmでは歩行速度に対して目が細かく棄却。最終的に1000mmを採用。

8) 周囲のデータを加味する八近傍の実施。

9) データ信頼性を考慮し、速度データ上下10%を記述対象外とする。

10) 低速度（特に700mm/sec以下）を詳細に記述するため対数変換したうえで、動き分布図として描画（⑦）。

11) 滞在人数を加算した上で微細な対流を捨象し、滞留分布図を作成（⑧）。

12) ⑦、⑧を統合して人間天気図を作成（⑨）。

・平均速度データ

$$\bar{v}=\sum_{t=1}^{n} v_t$$

v_t = グリッドにおける単位時間平均速度（5分間）

スムージング
八近傍

・滞留周辺データの詳細な記述

$$\bar{v}_e=\frac{k\,\bar{v}+\sum \bar{v}_i}{m+k}$$

（ただしV=0のときはVi=0）
m：周囲の有効グリッド数
k：重み係数
$\bar{v}_i$：周囲グリッドの平均速度

データの
信頼性確認

・描画データ
0（白抜き）
前後10%捨象

$\overline{V_e}'$ → 対数変換 → $\ln \overline{V_e}'$

80%記述範囲

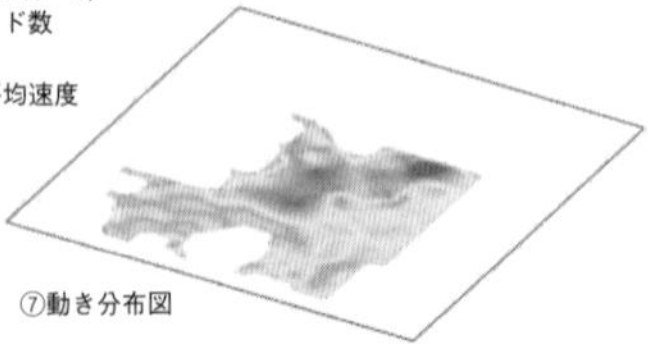

⑦動き分布図

＋

・平均滞留密度データ

$$=\sum_{t=1}^{n} d_t$$

d_t：グリッドにおける単位時間平均滞留密度（5分間）

微細な滞留を捨象
記述範囲：
d>0.01 人/sec・㎡

・描画データ

D'

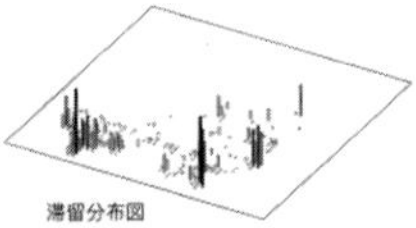

⑧滞留分布図

＝

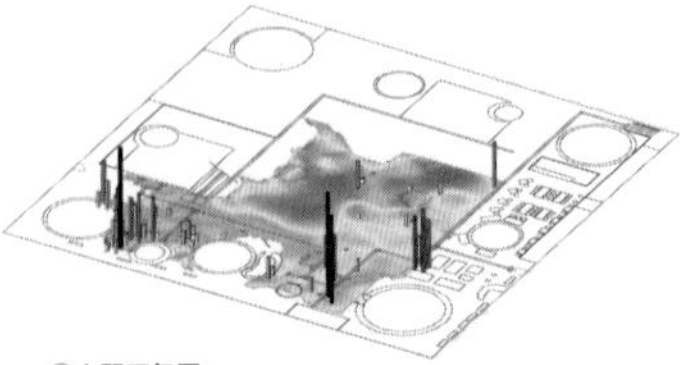

⑨人間天気図

1) 撮影した映像を１秒毎の連続する静止画に変換し、コンピュータに取り込む。

2) 時刻tにおける画像（①）から背景画像（人の映っていない画像）（②）を減算し、人物を抽出（③）。この時、閾値を設定し、減算された画像からノイズを除く。

①時刻tにおける画像　②背景画像　③減算後の画像

3) 画像中のx-y座標のクラスター（減算後の画像の白い部分）位置を求める。クラスター位置は垂直方向の消失点VP3とクラスター中点を通る点とし、足元となる点とする（④）。

4) 画像中のふたつの消失点（VP1、VP2）から、画像中の座標を実空間中のX-Y座標に変換（⑤）。カメラからの距離とクラスターの大きさとの関係から、減算後も残るノイズと人物を選別。

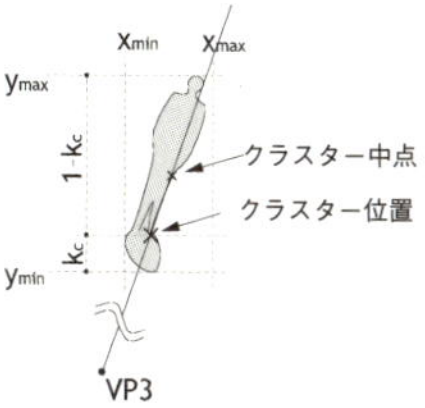

④クラスター位置の求め方

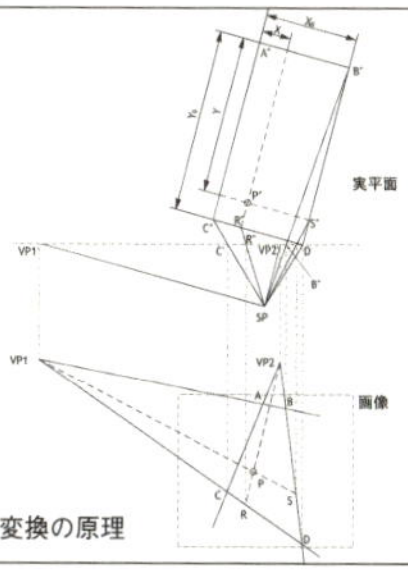

⑤座標変換の原理

5) 連続するふたつの静止画像から、位置情報の変化量と色情報の変化量とを閾値にし、人物の同定を行い、その動きの変化量を得る。1秒間における、速度と向き、速度ベクトルを得る。

6) すべてのccdカメラにおける、分析時間帯の映像に対し、1）～5）までの処理をすることで、フロア全体のある時間帯のひとの動きを、速度ベクトルの分布として得ることができる（⑥）。

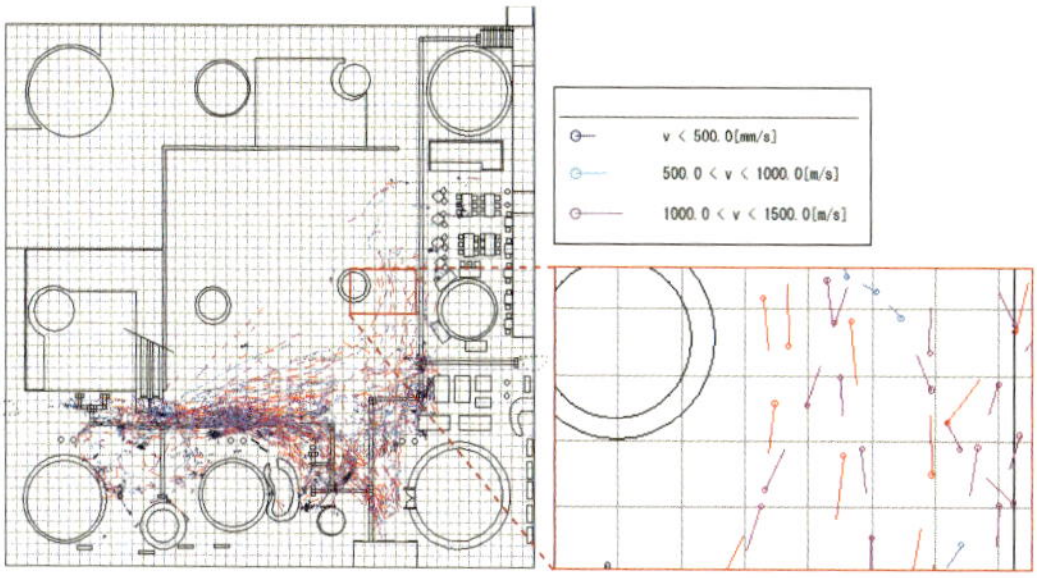

⑥速度ベクトルの分布

図2-3　人間天気図の生成方法（作成：小野寺望、浜田勇樹、西田浩二、氏原茂将ほか）

人間天気図という考え方

私たちは日常において、風が強いとか、雨が降っているとか、個別の場所のことは体感できるが、天気がこれからどうなるかといった全体の構造を把握することは難しい。せいぜい雲の動きで憶測する程度である。しかし、地図を描くことによって地形をより構造的に理解できるのと同じように、その場所の気圧や風向などから天気図を描くことで、その場所のポテンシャルを把握することが可能となる。「人間天気図」プロジェクトとは、この天気図のように、ひとの行動に関係する建築空間のポテンシャルをその場所における速度や滞留といったひとの挙動を確率的に示すことを通じて、包括的に示そうとする試みである。空間そのものではなく、ひとの動きを捉えることで、その空間の性格を描き出すのだ（図2－2）。

具体的には、ビデオカメラで撮影したひとの動きをベクトルデータとして抽出し、その流動の積み重ねを累積して平面上に表現する。空間を通るひとの平均速度を色で表した平面図の上に、立ち止まったひとの累積滞在人数を示したヒストグラムを組み合わせた形で空間のポテンシャルを表現していく（図2－3）。

実際に測定を行ったのは、壁を取り払った空間として知られる伊東豊雄設計による①「せんだいメディアテーク」、同じく連続空間からなる山本理顕設計による②「公立はこだて未来大学」、そし

施設名	せんだいメディアテーク (SMT)	公立はこだて未来大学 (FUN)	T大学総合研究棟 (TRC)
外観			
主要用途	生涯学習施設（図書館他）	教育・研究施設（情報系）	研究・実験施設（工学系）
規模	約21,682㎡ 地下2階　地上7階	約26,800㎡ 地上5階	約22,000㎡ 地下1階　地上14階
設計	伊東豊雄建築設計事務所	山本理顕設計工場	T大学施設部
コンセプト	チューブとプレートで構成され、境界が曖昧な開放的空間。空間の機能を明確に規定せず、人びとが自らの場所と行為を発見していくような環境として整備。	プレキャストコンクリート架構による開放的で視認性が高い空間。スタジオと呼ばれるフロアは機能が限定されず、革新的な学習プログラムによる創造的活動に対応。	中廊下型の平面を基本とした各フロアが、コンクリート充填鋼管構造によって積層。さまざまな分野の研究活動が行われ、研究室、実験室などの部屋を機能的に配置。
調査実施期間	2001.10.2 ～ 10.20 （内9日間）	2003.7.16 ～ 7.18	2005.10.25 ～ 10.26
調査範囲 灰色部分は撮影範囲、同スケール	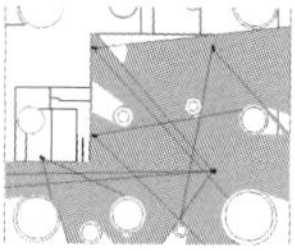	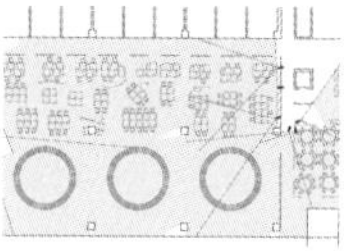	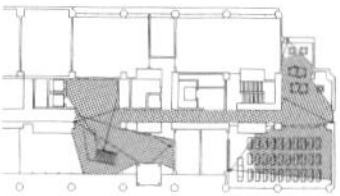
対象日時の状況	2001.10.6(土) 14:30～15:30(60分) オープンスクエアではイベントは行われておらず、定常状態である。土曜日で、平日に比べると比較的ひとが多い。エントランスからEVやエスカレータ等に向かう通過行動が多いが、カフェやショップ等も利用。	2003.7.16(水) 14:50～16:05(75分) プロジェクト学習の時間であり、1階ではプレゼンテーションスペースを利用したプレゼンテーション活動が行われており、スタジオにおいても個人作業がいくつか見られ、離合集散が展開されていた。	2005.10.26(水) 11:30～12:45(75分) 講義時間帯は講義室で授業が行われ、講義終了時の退席状況が観察された。昼休み時はレストランの利用や、外部への出入りに伴い、エントランスホールや通用口付近での通過行動が多く見られた。

図2-4　人間天気図の調査対象

てこれらの対照として選んだ部屋と廊下の組み合わせから成る③「従来型の空間（T大学総合研究棟）」の3施設である（図2‐4）。

③「従来型の空間」では、当然のことだが、廊下では人びとは速く移動し、部屋の近くでは滞留に近い状態まで減速する。空間の種類と行為が明確に対応しており、全体的に見ても速い動作で人びとは活動している（図2‐5）。それに比べて、建築家の手による連続空間（①、②）では、ひとの全体的な流動は遅く、滞留と移動が混じり合っている。家具が空間全体に配置されている②「公立はこだて未来大学」では、ひとがそこにとどまるかどうかは、家具の配置はもちろんそこに居るひとにも支配されている。人気のあるひとの周りには常に滞留が起こっており、そうでもないひとは、素通りされている。ちょうどモザイクのように家具とそこで作業するひとの性質によって、空間の性質が細かく切り替わっている（図2‐6）。

同じく連続空間である①「せんだいメディアテーク」では、家具の配置が限定されていることやチューブを介して空間が緩やかに分節されていることもあって、微細な低速移動・滞留の蓄積が起こっており、平均流動の分布はゴルフコースの起伏のようになだらかに推移している。家具やひととは関係なく平均移動速度が遅くなる淀みのようなスポットが、空間上にいくつか点在しているところが特徴的でもある（図2‐7）。

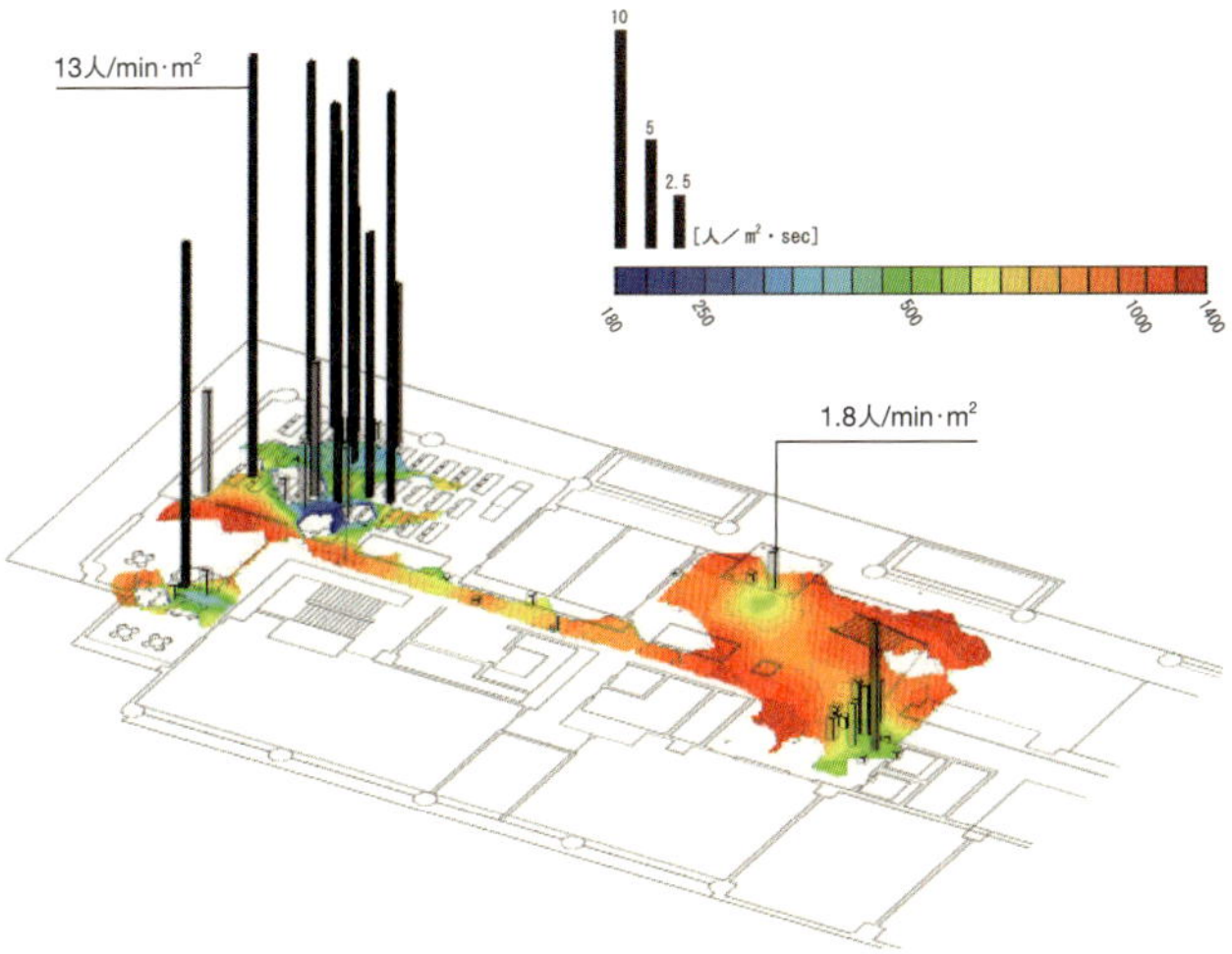

図2-5　従来型の空間（T大学総合研究棟）での人間天気図（注18a）

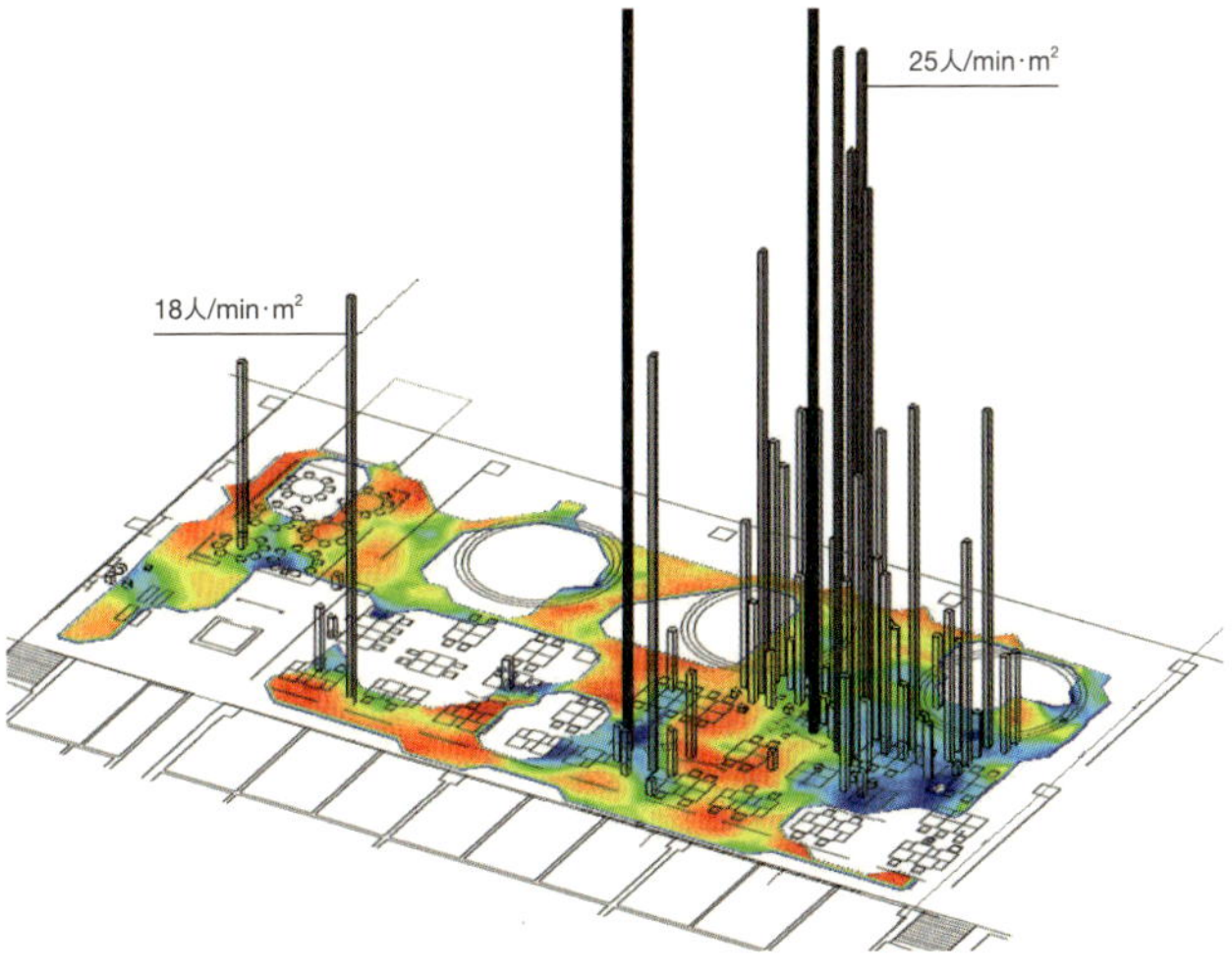

図2-6　公立はこだて未来大学での人間天気図（注 18a）

何が行為を決定付けているのか

③「従来型の空間」では、利用者のほとんどが、講義や研究といったある部屋に行って何かをする明確な目的をもっているので、行為の緩急がはっきりしている状況は理解しやすい。しかし①「せんだいメディアテーク」も生涯学習施設であり、それなりの目的行為は多いはずで、これらがなぜ、全体的に移動速度が緩やかでかつ局所的に速度が遅い淀みを生成するのかについては、説明が難しい。人間は環境の中である刺激を受けて反応するといった単純な動きをしているわけではないので、ある場所に特定の行為が出現しているからといってその原因を空間にすぐに求めるのは性急でもある。しかしその一方で、淀みの中には長時間にわたって安定して出ているものもあり、ひとと空間の間に何らかの関係性があることも想定できる。はっきりと言うことは難しいが、その地点における空間の見え方や全体の中での位置付けが影響しているのかもしれない。

「せんだいメディアテーク」はデザイン段階においてアフォーダンス理論を積極的に取り上げたわけではないが、形が消え、面が次から次へと表れたり消えたりするような空間内における移動経験と先のギブソンのアイデアとの間には偶然とは思えない親近性がある。慎重に配置された各表面のテクスチャーの対比によって、観察者の目に飛び込んでくる面の配列は豊かで、人の行為をいざなうような印象を与えている。建築デザインにおける新しい方向性、「形」から「面の配置／空間」へ

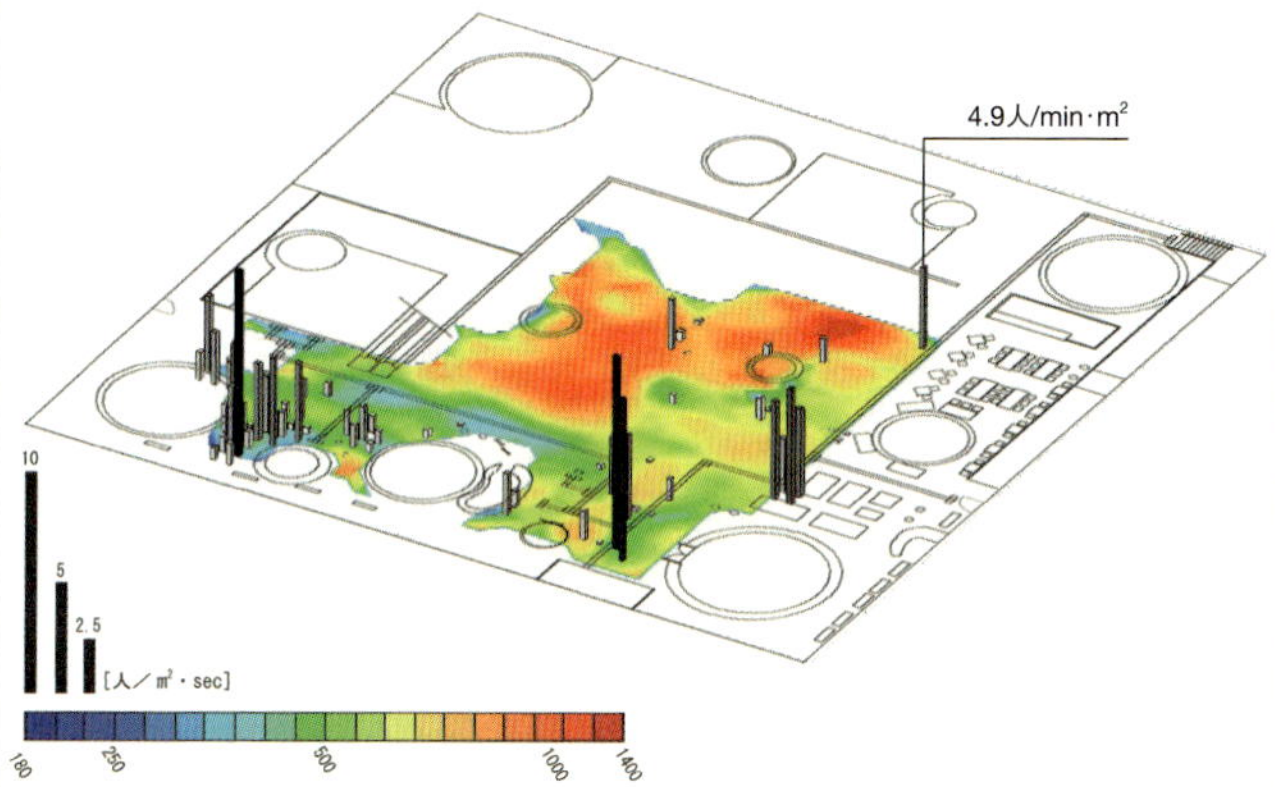

図2-7　せんだいメディアテークでの人間天気図（注 18a）

の転換を読み取ることができるような対象になっているのだ。そこで、被験者に視線の先を画像上でチェックできるアイマークレコーダーという装置を装着して、空間の印象がひとの視線の動きとしてどのように現れるかを見ることにした。

観測を行った「せんだいメディアテーク」1階の「プラザ」と呼ばれる空間は、高い天井をもち、柱ではなくチューブという独自の構造物によって支えられている（図2-8）。実際にアイマークレコーダーで視線の動きを追うと「斜交《はすか》い注視[注15]」と呼ばれるものの縁に起きる注視がチューブの端で頻繁に起こっていた。また、チューブは遠くからは、向こうが見通せる透明な物体として存在しているが、近づくと小さな柱の集合体として気になる存在となる。さらに近づくとエレベーターのサインやその他いくつかの装置が装填されている操作の対象としてより

図 2-8 せんだいメディアテーク 1 階プラザ

	チューブへの注視		
	斜交い注視		内部機能であるエレベータや階段への注視
	パイプへの微細な斜交い注視の連続	チューブを1本の柱として認識した斜交い注視	
視線の動き	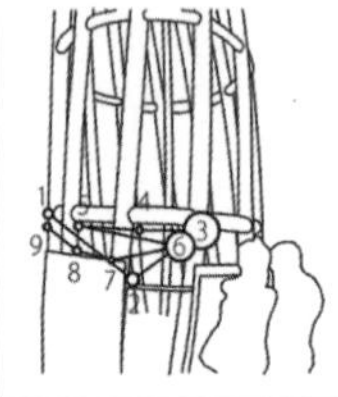	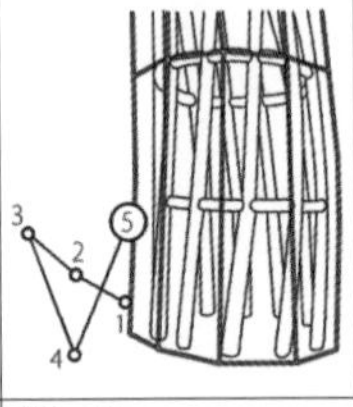	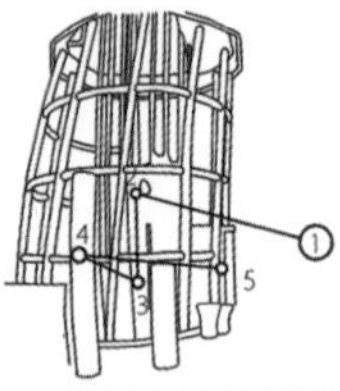
注視距離	約4〜10m	約3〜12m	約8〜10m
注視時間	約1〜6sec	約1〜6sec	約0,2〜1.2sec
該当チューブ	T1,4,5,7,8	T1,2,3,4,5,7,8,9,13	T2,3,5

その他の斜交い注視			
家具等への斜交い注視		壁等への斜交い注視	
エントランスカウンターへの斜交い注視	空調設備への斜交い注視	カフェカウンター屋根面への斜交い注視	壁への斜交い注視
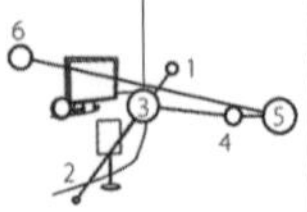	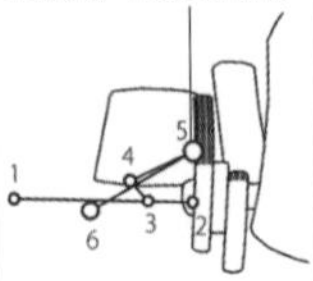	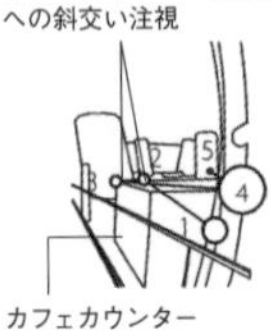	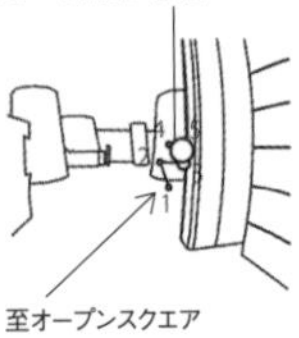
約2〜7m	約2〜6m	約3〜5m	約1.5〜3m
約0.2〜0.6sec	約0.1〜0.8sec	約0.1〜0.2sec	約0.1〜0.6sec

図 2-9 チューブの認知（注18c） 作成：佐藤知

注視が必要となる、というように重層的性格をもっている。アイマークレコーダーのデータを見ると距離によって注視のパターンが切り替わっており、異なるレイヤーの認知が切り替わる距離が存在することが推察できた（図2-9）。チューブが観察者との距離によって、性格の切り替わるオブジェクトであるからこそ、その切り替わる地点で、ひとの速度が落ち、「人間天気図」に淀みのようなものが形成されているのかもしれない。もちろん、単純な帰結は危険であり、さらに研究を深めていかなければならないが、空間におけるひとの行動は、動きの中で周辺環境をどう認識するかということとも関連しているようである。

1 Edward Twitchell Hall Jr., *The Hidden Dimension*, Doubleday, New York, 1966／エドワード・ホール著、日高敏隆・佐藤信行訳、『かくれた次元』、みすず書房、１９７０

2 Erving Goffman, *Behavior in Public Places; Notes on the Social Organization of Gatherings*, Free Press of Glencoe, New York, 1963／アーヴィング・ゴッフマン著、丸木恵祐・本名信行訳、『集まりの構造―新しい日常行動論を求めて』（ゴッフマンの社会学4）、誠信書房、１９８０

3 Roger G. Barker, *Ecological Psychology: Concepts and Methods for Studying the Environment of Human Behavior*, Stanford University Press, California, 1968

4 Philip Thiel, *People, Path, and Purposes: Notations for a Participatory Envirotecture*, University of Washington Press, Seattle, 1997

5 Amos Rapoport, *The Meaning of the Built Environment: A Nonverbal Communication Approach*, University of Arizona Press, Arizona, 1982／エイモス・ラポポート著、高橋鷹志・花里俊廣訳、『構築環境の意味を読む』、彰国社、２００６

6 Clare Cooper Marcus, Carolyn Francis, *People Places: Design Guidlines for Urban Open Space*, Wiley, 1976

7 James J. Gibson, *The Ecological Approach to Visual Perception*, Houghton Mifflin, Boston, 1979

8 佐々木正人、『アフォーダンス―新しい認知の理論』（岩波科学ライブラリー12）、岩波書店、１９９４

9 原広司、『空間〈機能から様相へ〉』、岩波書店、１９８７
10 渡辺仁史・中村良三ほか、「人間―空間系の研究その6―空間における人間の分布パターンの解析」、『日本建築学会論文報告集』No.２２１、１９７４、25～30ページ
11 佐野友紀・高柳英明・渡辺仁史、「空間―時間系モデルを用いた歩行者空間の混雑評価」、『日本建築学会計画系論文集』No.５５５、２００２、１９１～１９７ページ
12 高柳英明・長山淳一・渡辺仁史、「歩行者の最適速度保持行動を考慮した歩行行動モデル　群衆の小集団形成に見られる追跡―追従相転移現象に基づく解析数理」、『日本建築学会計画系論文集』No.６０６、２００６、63～70ページ
13 中島義明・大野隆造、『すまう―住行動の心理学』（人間行動学講座3）、朝倉書店、１９９６
14 舟橋國男編著『建築計画読本』大阪大学出版会、２００４
15 田中元喜・竹内有里・西澤志信・山下哲郎、「実場面における滞留と移動の環境行動に関する考察」、『日本建築学会計画系論文集』No.５７２、２００３、49～53ページ
16 大佛俊泰・佐藤航、「心理的ストレス概念に基づく歩行行動のモデル化」、『日本建築学会計画系論文集』No.５７３、２００３、41～48ページ
17 鈴木利友・岡崎甚幸・徳永貴士、「地下鉄駅舎における探索歩行時の注視に関する研究」、『日本建築学会計画系論文集』No.５４３、２００１、１６３～１７０ページ
18 本章で紹介した研究は、西田浩二、浜田勇樹、佐藤知、小野寺望、氏原茂将、藤木俊太、坂口大洋、菅野實と共同で行ったものである。
a 小野田泰明・西田浩二・小野寺望・氏原茂将、「動き分布図を用いた空間特性の把握に関する研究」、『日本建築学会計画系論文集』No.６１９、２００７、55～60ページ
b 小野田泰明・氏原茂将・浜田勇樹・堀口徹、「人の動き分布を用いた場の記述に関する研究―せんだいメディアテークにおける動き分布図」、『日本建築学会計画系論文集』No.71、２００３、63～68ページ
c 佐藤知・小野田泰明・坂口大洋、「新しいユニバーサルスペースにおける施設利用者の空間把握特性に関する研究」、『日本建築学会学術講演梗概集』E-1、２０１１、９０９～９１０ページ

第３章　機能は、空間を操作可能な状態に縮減する発明である。

縮減点としての機能

前章で見たとおり、ひとの活動と空間の存在は分かちがたく、これには空間の認知も影を落としている。しかしこれらの多くは、ホワイエやエントランスホールでひとが思い思いにする自然発生的な行為である。その一方、文化的条件に依拠する慣習行動であったり、授業でクラスに集められている時のようにプログラムで行為が明確にコントロールされている時には、そのような行為の起序は見えにくい。先のラポポートは、前者を「ビヘイビア・セッティング（Behavior Setting）」、後者を「アクティビティ・システム（Activity System）」と呼んで区別したが[注1、2]、空間とひととの関係を考える際にはある整理が不可欠であるに違いない。特に施設型をうまく働かせるには、「アクティビティ・システム」の束をどのように調整するかが鍵となっており、建築計画研究の分野でもこれらの挙動について、多くの研究が行われてきた。しかしながら、各人にどのようなプログラムが影響しているかは、外からではわかりにくく、実際には違った目的を有する人びとが重なって行動している場合が過半であろう。また、ひとと空間の相互浸透として事物を見るということ自体、複雑な事象であり、そこに入り込んでしまうと全体像が見えなくなってしまう危険性もある。そもそも具体的な行為の起序と空間の構成は別の事象なので、たとえある程度の関係性が観察できたとしても、それらを実際の設計条件とするにはその他にも多くのハードルが存在する。つまりひとの行為の束を実際の設計に接合するには、大きなジャンプが必要となるのだ。

そうしたジャンプを成立させるために、これまで用いられてきたのが、行動が果たすパフォーマンスを「機能」という言葉で縮減する方法である。前章で見た「行為→空間」の関係の中に「行為→機能→空間」という中間項を挿入して、両者の関係を操作しようというわけだ。本章ではこの「機能」という言葉に焦点を当てて、その役割を理解していく。

ウィトルーウィウスにおける扱い

建築を学ぶ学生が、「機能」の概念に最初に遭遇するのが、ウィトルーウィウス[注3]によるこの関係図かもしれない（図3-1）。自然に対するシェルターとしての「強（Firmitas）」、実際に人間生活に役立つ「用（Utilitas）」、そして人間の知覚によってつかみ取られる「美（Venustas）」、ローマの偉大な建築理論家によるこの三分法の明快さは、2000年経った今も色あせてはいない。

ウィトルーウィウスは、本当の建築家は、文学、絵画、幾何学、哲学、音楽、法律など多様な分野の理論・実技を熟知することが必要と説明したが、この三元論もそうした総合性の上に打ち立てられている。ウィトルーウィウスの説によると、「美」はさらに、構成全体に関わる外在的原理と空間的・建築的なまとまりに関わる内在的原理に分けられ、後者は身体との調和に基づいて比例関係として現れる部分と、感覚器を通じて像として得られる部分に細分される。こうした、美的原理の根源となるのがモドゥルス、いわゆるモデュールであり、適切な寸法体系が、「美」を生み出す源泉だとされている。建築家の職能の中心をなすだけに、『ウィトルーウィウス建築書』の中でも多くの説明が割かれている部分である。

一方、「用」の問題を先んじて取り上げたウィトルーウィウスであるが、実際の記述は意外に淡白だ。「用の理は、場が欠陥なく使用上支障なく配置され、その場がそれぞれの種類に応じて方位に叶い工合いよく配分されている場合に保たれ……（森田慶一訳、第1書第3章第2節）」と場所の活用と建築の配置には触れられているが、具体的なプランニングの話は、ほとんど出てこない。「用」という言葉が最も多く登場するのが建築材料について論じられた第2書だが、それらの用例を見てもどのような種類の石材や木材を選ぶと「便利である」、「好都合である」という意味で使われているに過ぎず、今日のわれわれが「用」に重ねているイメージとはかなり異なっている。

この三元論は他者によって、他の要素を加えたいくつかのバージョンが作られたりもしているが、実は3つの要素は相互に影響し合うよう構造化されており、付け加えるのではなく、相互の関係を注意深く見ながら考えを深めていくことが重要と考えられる。そこでここでは、現代的な意味で「用」を解釈しながら、その向こうにある建築の「機能」をあぶり出してみたい。

歴史的に多くの建築家が追究した「美」の基本概念であるプロポーションは、空間を支える「形(Form)」に関係している。この形は、素材の種類と寸法、そしてその構成がその性能を決める「強」とも深く関わっている。よって「美」と「強」はともに「形」と関係が深いと解釈できる。また、「強」は単独で評価できるものではなく、その背景にあるエンジニアリングの体系との間で遂次精査される性格をもっている。同じく複雑な社会的文脈の中でその位置付けが定まる「用」も体系として働く性質を有している。このことから「強」と「用」には「システム(System)」がともに関係することが理解できる。さらに、すでに見たように「用」はそこに人間が入って動くことで初めて発露する。すなわち「空間」と不分離な概念であるが、「美」も対象者が「空間(Space)」の中に包み込まれ、移動する際にその多くが発現する。よって「用」と「美」には、ともに「空間」が関係している。このように新たに見出された3つの要素「形・システム・空間」を「強・用・美」の三角形に上書きすると図3-2のようにまとめることができる。

次に、それぞれを扱う主体について考えを進めてみよう。「美」を中心に「空間」と「形」の両方、すなわち「用」と「強」の一部を扱うのは建築家であり、「強」を中心に「形」と「システム」を扱うのはエンジニア、「用」を中心に「空間」と「システム」を取り扱う権限が与えられているのが運営者(マネージャー)というように見ることもできる。

こうして俯瞰すると、感覚的世界、物理的世界、社会的世界それぞれに対して高いリテラシーを

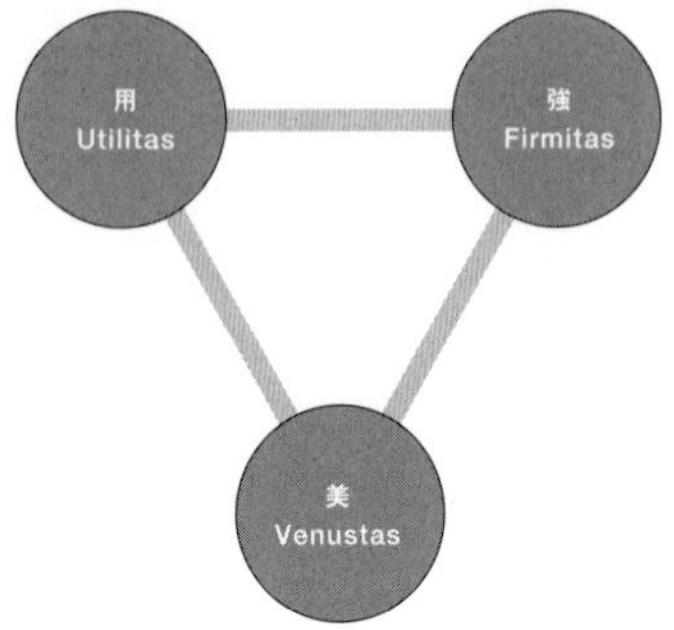

図3-1 ウィトルーウィウスの三元論

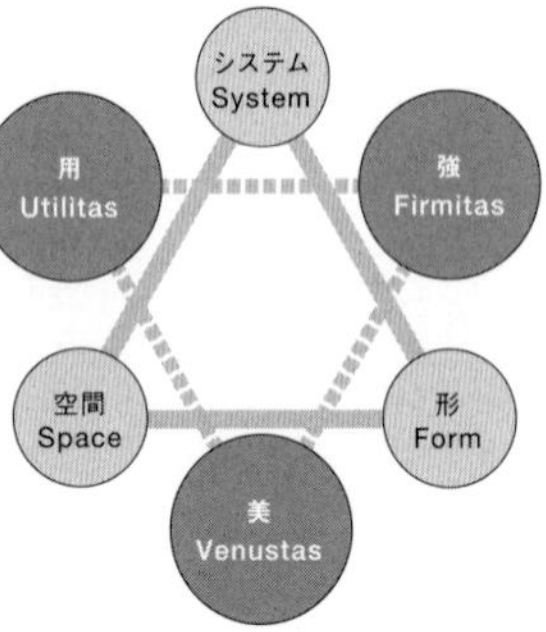

図3-2 用・強・美と形・システム・空間

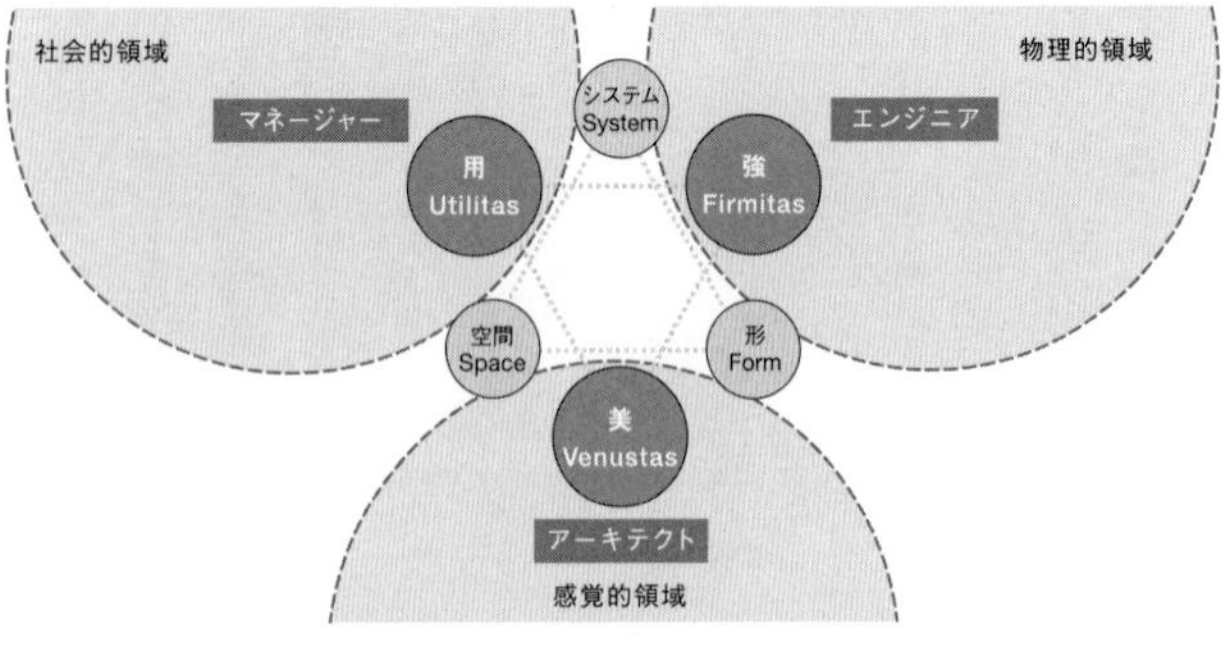

図3-3 プロジェクトとしての建築

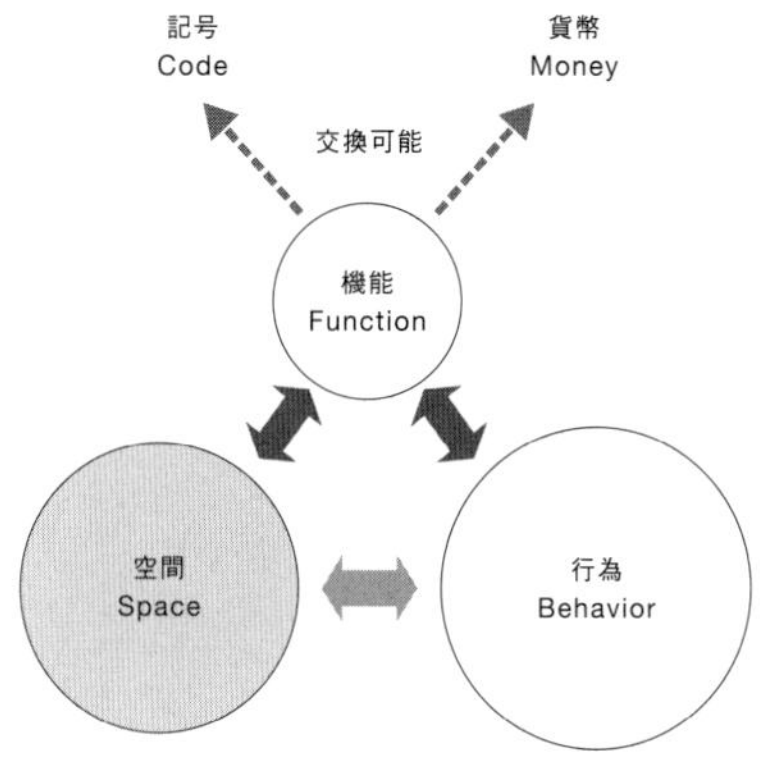

図3-4 中間項としての機能

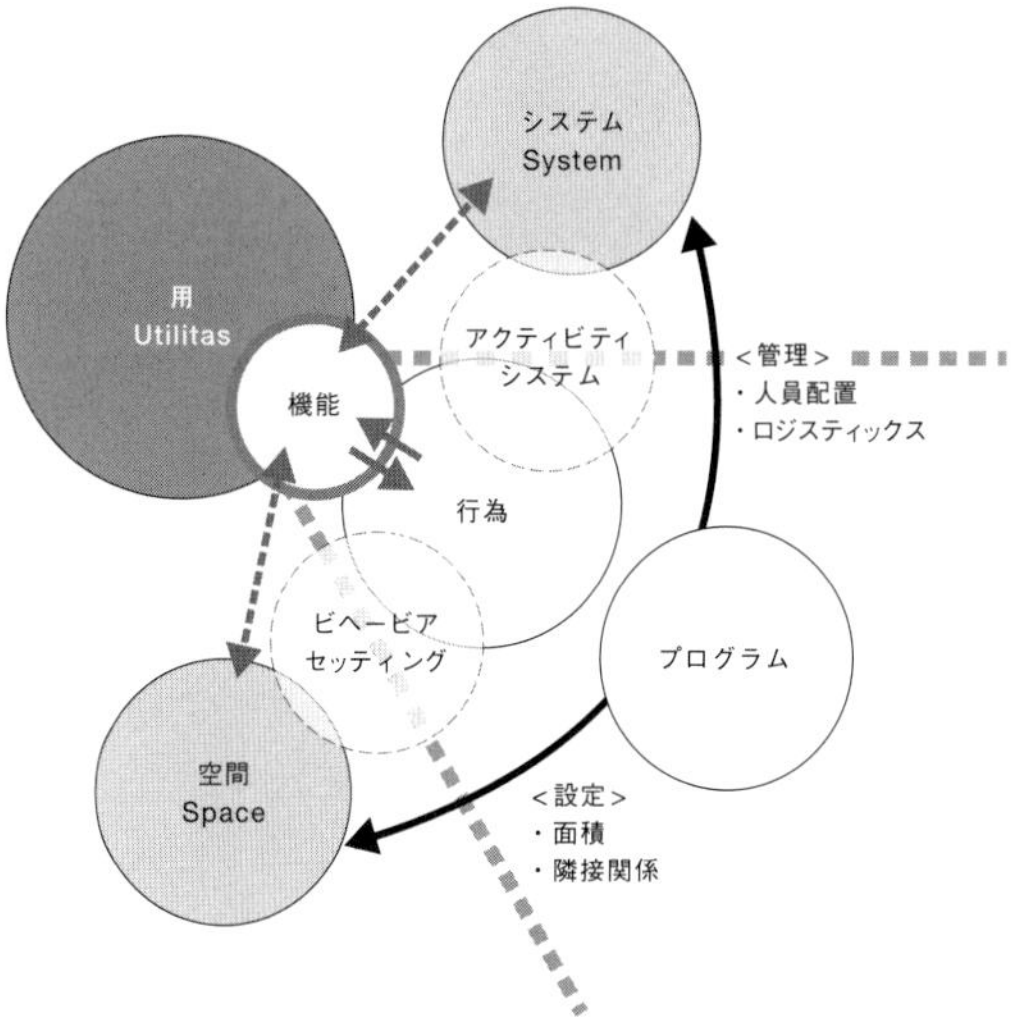

図3-5 プログラムと機能

もつアーキテクト、エンジニア、マネージャー、といったエージェントが共同で成し遂げていく、プロジェクトとしての建築の側面が浮かび上がってくる（図3－3）。

機能の考え方

このように「用」は、建築の基本的働きを構成する要素として「空間」の中に現れ、「システム」と深い関係にある。それでは「機能」「用」「空間」はどのような関係にあるのだろうか。

まずは「用」と「機能」はどのように言い分けていったら良いのだろうか。言葉としての機能は「ある物事に備わっている働き。器官・機械などで、相互に関連し合って全体を構成する個々の各部分が、全体の中で担っている固有の役割（大辞林）」と示されている。ノンスケールで包括的な概念である「用」とは異なって、全体を構成する部分としての役割に焦点が当てられているのだ。先に述べた「行為↓空間」の間に「機能」を挿入することの意味はここにある。機能という中間項が入ることによって、それぞれの行為の束は分別され、操作しやすくなるわけだ。また、そのように抽象化されたフェーズがいったん入ることは、それ以外の効果をもたらしている。機能という「言葉（Code）」により抽象化され、分別されたそれは、面積や「貨幣（Money）」といった他の価値との交換可能性を有することになり、操作に加えて、評価もしやすくなる（図3－4）。

すでに述べたようにプログラムとは「システム」が「空間」の中でうまく動くように設定された手続きなのだが、いくつかの領域に分けて考えることができる。まずはシステムとのインターフェイスとしてどのような人材を何人配置するか、そこに対する物品の供給などのロジスティックスを考える、といった「管理」がある。さらには、面積表やダイヤグラムなど、空間の計画・運用における「設定」が行われる。そこで発生する行為も、システムに近いものがアクティビティ・システムと呼ばれ、空間側に近いものが、ビヘイビア・セッティングと呼ばれる。こうした各行為の束こそが機能を保証する実態であり、「用」をなすというのは、それらが積分された状態といえる（図3-5）。

分節化された各要素をどのように再統合するのかといった問題は残るにせよ、運営をにらみながら空間を操作するダイヤグラムや面積表といった手法をうまく扱えば機能は確保でき、それを束ねることで3つの要素のひとつである「用」は担保できそうだというところまではきた。次章では、設計の現場で実際に機能を担保していく作業について考えていく。

1　Amos Rapoport, "A Cross-Cultural Aspect of Environmental Design", pp.7-46, *Human Behavior and Environment*, Vol.4 «Environment and Culture», Plenum Press, New York and London, 1980

2　Amos Rapoport, *Human Aspects of Urban form: Towards a Man-Environment Approach to Urban form and Design*, Pergamon Press, New York, 1977

3　Marcus Vitruvius Pollio, *De architectura*／ウィトルーウィウス著、森田慶一訳、『ウィトルーウィウス建築書』（東海選書）、東海大学出版会、1979
『ウィトルーウィウス建築書』における「用」の解釈については、東北大学准教授・飛ヶ谷潤一郎の指導を受けた。

第４章　ダイヤグラムや面積表は、機能を建築に定着する、計画の有効な道具である。

「せんだいメディアテーク」におけるプレ・デザイン

「せんだいメディアテーク」の打ち合わせが、東北大学で最初に行われたのは、1994年6月15日（水）である。その時、担当者が説明したのは、民間のビルのフロアを使っている市民ギャラリーの借用契約期限があと数年で切れるので、新しいギャラリーを確保しなければならないのだが、これを良い機会ととらえて、街のシンボルストリート、定禅寺通りにあるバス操車場とその隣地を敷地として、複合文化施設を建設したいといった計画の骨子であった。これには、市民図書館の建て替え、映像メディアセンター、バリアフリー情報提供施設の建設といった、市の抱える課題を一気に解決するとともに、公開建築設計競技とすることで、市中心部の貴重な土地を最大限活用したいという市の意図も含まれていた。さらにこの説明の中で、公開設計競技の採用は、ゼネコンスキャンダルで傷ついた市のイメージを回復する上でも効果的と考えているが、市のノウハウは十分ではないので、大学の協力を得ながらぜひ実現にこぎつけたいという担当の見解も加えられた。この時は、懸案である4つの施設をまとめて合築する、中心市街に残る重要な場所なので丁寧に設計したい、設計競技をどうやって運用したらいいか知恵を貸してほしい、といった要望が伝えられただけで、新しい施設型というテーマが顕在化していたわけではなかった。上司の菅野實先生から担当を命じられ、その夜、4施設名が書き込まれた書類を何げなく眺めていて、あることに気がつ

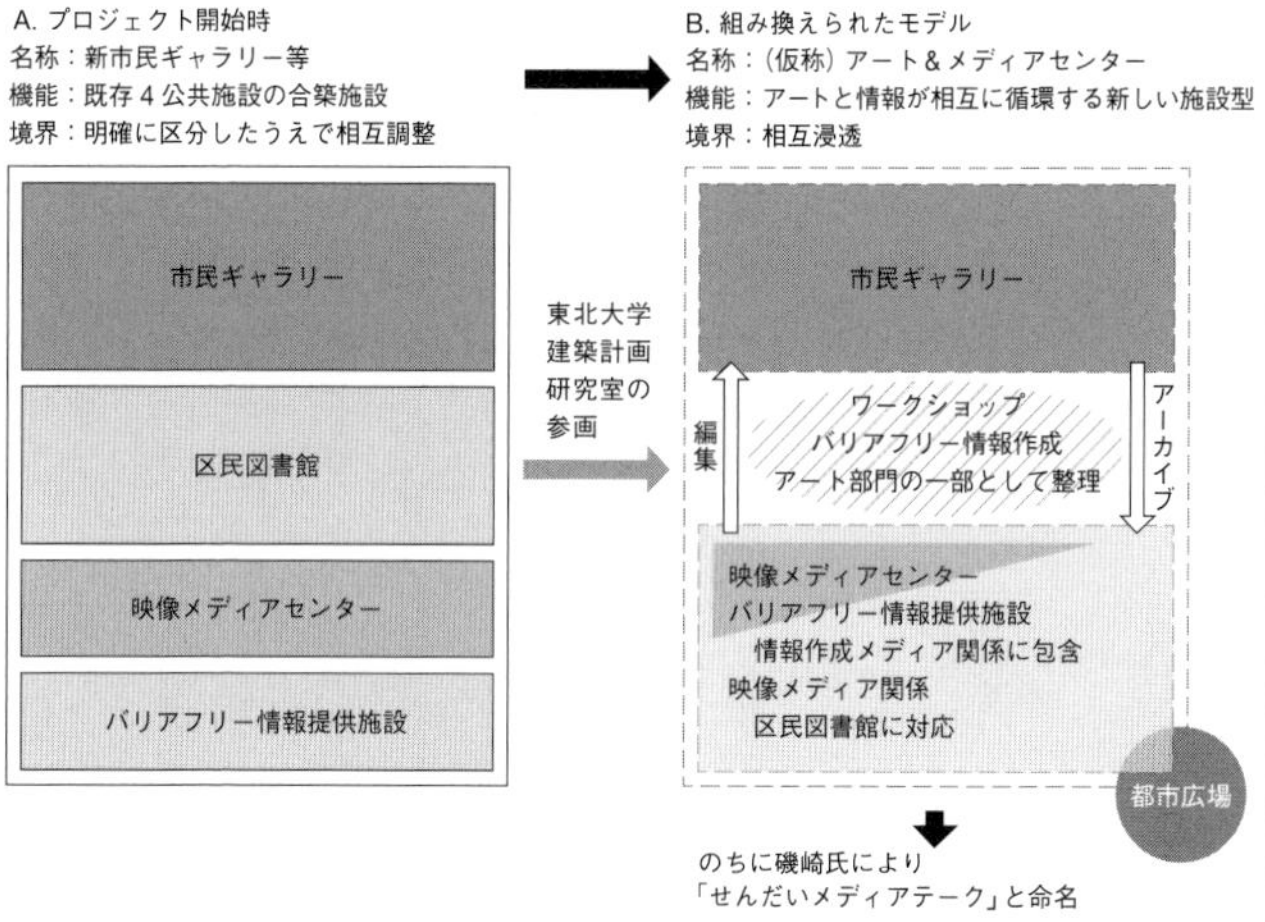
A. プロジェクト開始時
名称：新市民ギャラリー等
機能：既存4公共施設の合築施設
境界：明確に区分したうえで相互調整
市民ギャラリー
区民図書館
映像メディアセンター
バリアフリー情報提供施設
東北大学
建築計画
研究室の
参画
B. 組み換えられたモデル
名称：（仮称）アート&メディアセンター
機能：アートと情報が相互に循環する新しい施設型
境界：相互浸透
市民ギャラリー
編集
アーカイブ
ワークショップ
バリアフリー情報作成
アート部門の一部として整理
映像メディアセンター
バリアフリー情報提供施設
情報作成メディア関係に包含
映像メディア関係
区民図書館に対応
都市広場
のちに磯崎氏により
「せんだいメディアテーク」と命名

図4-1　せんだいメディアテークの初期ダイヤグラム

いた。これら4つはそれぞれ別ものではなく、「アート」と「メディア」のふたつの要素から構成されており、違うのはその配合の度合いなのではないだろうか。つまり両者の配合比がギャラリーでは8対2、図書館では2対8といった具合に。

もしそうだとしても個々の施設はそれぞれ出自を異にしており、そのままではそうしたくくりは困難だ。そこで、それらを動的にかき混ぜつないでいくエンジンのような機能、仮に「ワークショップ」と呼ぶような部門を組み込んだらどうだろうか。アートとして集められた素材は、アーカイブによって情報として蓄積され、その一方で蓄積された情報のプールからいくつかの要素を引き出して編集すればアートになる。アートと情報の間で起こるこうした循環によって都市資源を耕し、仙台に必要とされている発信の種を産み出していくことができるのではないだろうか（図4－1）。実際に公式な確定がなされたわけではないが、建築計画面における「せんだいメディアテーク」のアイデアはこのようにして生み出されていった。注1

次いで課題となったのは、4施設合築ということで一応の庁内調整が済んでいた当時、このプログラムのアイデアをどのように先に発展させられるかという点であった。言い換えれば、新しい方向性へのイメージを多くのひとが共有できる、強力な「中心」が必要だったのである。そこで、アート・情報・都市にまたがる本事業のミッションに関する領域で、建築家としてはもちろん、理論家としても支柱となっている磯崎新氏に、審査委員長を引き受けていただけるよう説得を開始した。半ば強引に口説き落としたわれわれに、氏は重要な提案をされる。審査過程はすべてオープンとすること、そうしたオープンな審査に耐えられる一流の審査員を集めること、提案性をより確固なものとするべく「メディアテーク」と言い切るべきであること、の3つであった。こうして、その年の8月、軽井沢磯崎別邸において、「せんだいメディアテーク」事業の方向性が確定する。

シンクロする面積表

磯崎氏の参画で新しい施設型を実現する方向性が何とか見えてきたが、それでも抽象性が高いこのコンセプトダイヤグラム（図4－1）を実際に機能させるには、いくつかの課題が存在していた。

そのうちのひとつが、それぞれで展開されるプログラムが駆動可能な広さを各部に与えると同時に、新しい施設型にふさわしいシナジーが生じるような場所をどのように用意すべきかという問題であった。面積配分で実態的に支えていかなければ、出来上がる施設は合築空間に「メディアテーク」という看板が白々しく掲げられるに過ぎず、ダイヤグラムは空虚なお題目になってしまうのだ。

各機能が相互にシナジーを出すためには、それらをつなぐ余裕の面積が必要なことは確かなのだが、実際にどの程度あれば十分と言えるのか、その適正値はどのようにして導き出すことができるのか。まだない活動のための条件を探り当てる作業は、困難を極めた。そこで、全国の複合文化施設のうち、各機能が融合していると言われていた富山市民プラザなど、当時の優れた公共施設を渉猟し、どの程度の面積が求められるかを精査した。この調査の結果、共用部分はエントランス・ホワイエといった、それぞれの機能を利用した人びとが集まれる特別な共用部分と、階段・廊下などの一般的な共用部分に分けられること、延べ床面積に対する比は、通常は前者が3～5%、後者が約25～30%であるが、評判の良い施設については、前者が10%強、後者が約25～30%であることが明らかになってきた。

つまり、ホワイエなどの各機能の融合に使う共有面積を全体の5%以上、新たに確保しなければならないのである。このことは、トータルで約1万8000～2万㎡が想定されていた「せんだいメディアテーク」において、各部の面積を計1000㎡程度、節約して、機能融合に供出することを意味していた。庁内の整理としては未だに、機能の異なる4つの施設型の複合体であったこの事業にとって、それぞれの機能を切り詰めるのはなかなか難しい。図書館は約30万冊と蔵書数が決められており、ギャラリーについても市民から要望のあった二科展級の展覧会が実施できる大きさという与件があったために、各面積を削ることはほぼ不可能といえる状態であった。

それでも何か手を打たないと、新しい施設型の創出は、看板倒れで終わってしまう。そこで、図書館については、「メディアテーク」の新設によって使わなくなる古い図書館を文書庫として活用することで閉架書庫面積を圧縮するというアイデアを提示し、市スタッフとともにさまざまな調整を行ってその実現に目途をつけた。ギャラリーについては、必要面積の根拠となっている作品の展示数にさかのぼって、必要となる壁の長さから必要面積を逆算することとした。計算で導き出されたのが、2点掛けで約500m。この展示壁長を一時的に確保することができれば、面積をある程度フレキシブルに考えていいはずである。このようなストーリーで説明資料を作成し、ギャラリー展示床を常時と臨時とに分け、前者を圧縮することについて合意を取り付けた。

さらに、そうして作り出した新しい面積配分で、実際に各施設機能が成立可能であるかについても確認しておかなければならない。そこで研究室で何パターンかの粗設計を行って、新面積でパフォーマンスが担保できることを確認した。設計競技の面積表はそのように精査したものをもう一度、表の形に還元したものである。現在、「せんだいメディアテーク」を訪れると、1階の大きなプラザや作戦本部となっている7階のスタジオなどが大きな役割を果たしていることが見て取れるが、これらの面積は事前の地道な調整によって導かれた部分も大きいのだ（図2-8）。

このように面積表は、建築が社会的役割を果たす上で原単位となる機能について、その基本条件を記した使いでのあるデータであり、各機能の発現を操れる重要な役割を有している。建築家の自由度を縛る堅苦しい決まりとして扱われることの多い面積表ではあるが、この事例が示すように、ダイヤグラムとシンクロすることで創造的に働く、有用な道具なのだ。

伊東豊雄案の採用

1995年3月、公開設計競技で伊東豊雄氏による画期的な建築のアイデアが選ばれて以降[注2,3]、「メディアテーク」とは何か、その卓越的な空間をいかに実現していくかなどについて、すさまじい労力がかけられていく。よく知られているのがチューブとプレートの設計と施工に関わる格闘であるが、この建築にはそれ以外にも多くの探求がなされている。そのひとつが、壁を極力取り払った上で機能を生起させようという試みであり、もうひとつが新しい施設型をその通りに発現させるための新しい運営体制の構築である。前者は、これまで部屋名で担保されていた機能をそれぞれの空間における行為の発生ポテンシャルに還元するという、機能に責任をもつ計画者にとっては、残酷な挑戦ではあったが、実際の設計において、天井高などの空間単位、床仕上げに代表される素材、家具、照明などの基礎的要素を注意深く組み合わせることで、自発的行為である「ビヘイビア・セッティング」が生起する確率を上げるという方向性を堅持するとともに、後述する運営面の強化を通じてなんとか担保する道筋をつけることができた（図4-2）。2章で見た研究の内容は、このように壁を取り払っても行為がどのように生起し得るのかを確認しようとした実証実験ともいうべきものである。

一方、後者の運営面についてもさまざまな議論が積み重ねられてきた。その総括として、設計競技から1年後の1996年に多木リポート（通称）がまとめられ、新しい施設の概念は大きく前進する。けれどもこの報告は、明晰でありながらも行政用語との整合性を確保することが難しく、具体的な施策への反映方法について、課題を抱えていた。そのためこの内容は、その後、さまざまな格闘を経て、次の3つのコンセプトに翻案される。

①最先端の知と文化を提供（サービス）
②端末（ターミナル）ではなく節点（ノード）へ
③あらゆる障壁（バリア）からの自由

状態1：通常の部屋を基本とする状態

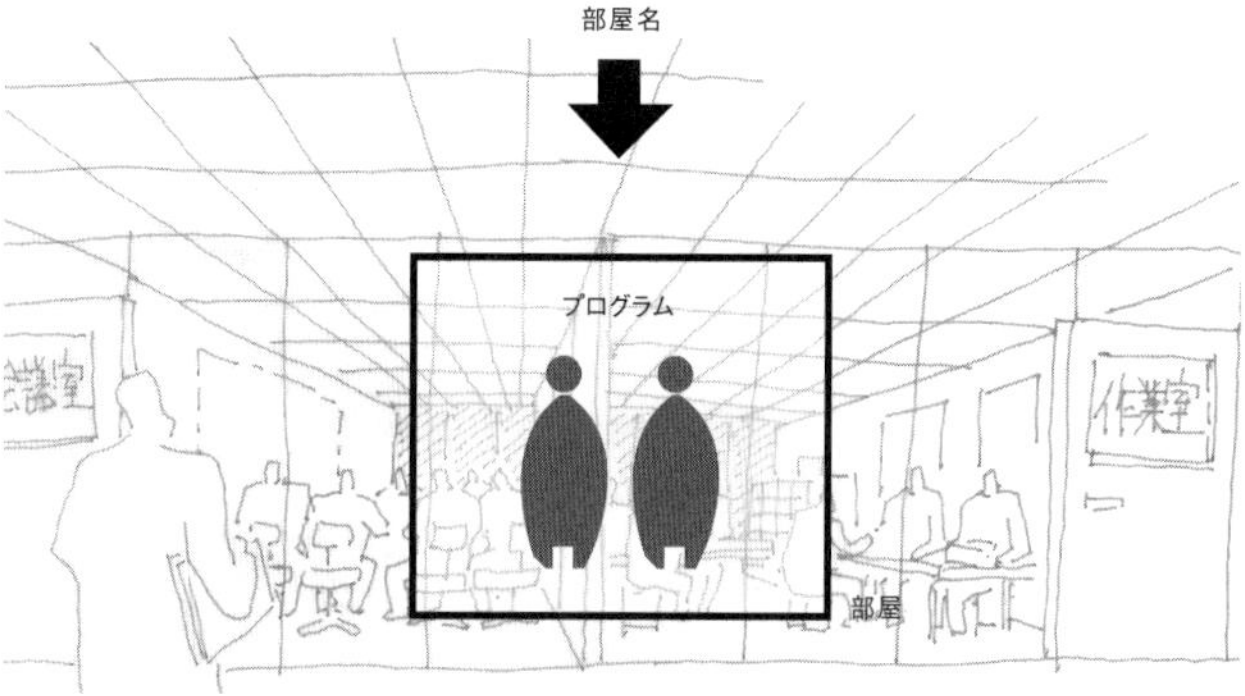
部屋名
プログラム
作業室
部屋

「部屋（壁）」の存在で外形的に機能を担保する方法、機能と行為を結び付けるのは、部屋名という記号とそこで展開するプログラム。そのため、アクティビティ・システムを中心に行為が展開し、機能は安定はするが、ビヘイビア・セッティングの役割は制限され、行為は限定的・拘束的となる。

状態2：部屋なしで機能が発現している状態

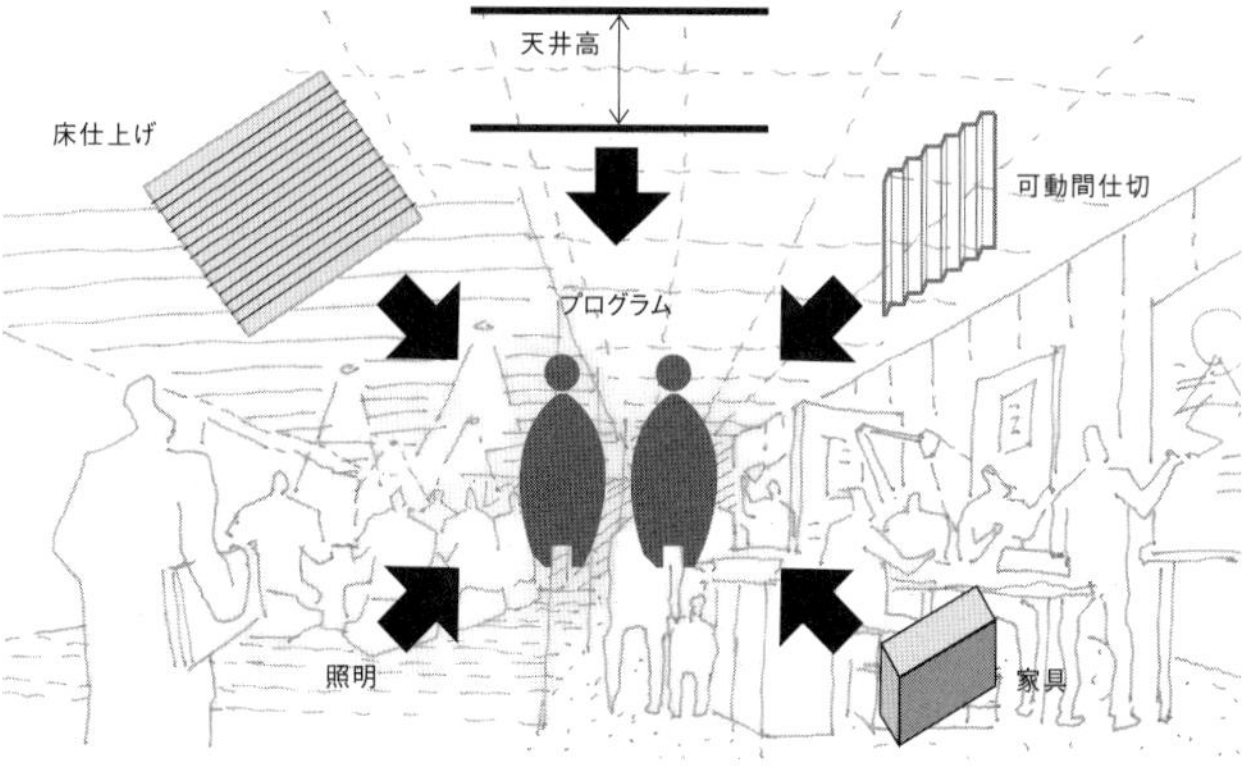
天井高
床仕上げ
可動間仕切
プログラム
照明
家具

「部屋（壁）」を取り払った上で、機能を担保しようとする難易度の高い方法。家具、床仕上げ、天井高、照明など、弱い力である「空間」の力を統合して「機能」の発生確率を高めている。行為もアクティビティ・システムとビヘイビア・セッティングの両者が融合しつつ展開するので、多様性や創発性が期待できる。しかし、音や参加者の集中力など、不安定要素も多い。

図4-2　部屋から空間へ

検討メンバーであった桂英史氏による、メタレベルで概念化するといったアイデアによって、目指すべき方向と戦略がようやく共有されたのである。

面積表に語らせろ…京都府新総合資料館設計競技（平田案）

「せんだいメディアテーク」では、建築計画者がクライアント側に参画していたため、当局とスムーズに連携しながら、面積表などの設計条件を差し替えることが可能であった。けれども、こういったケースはまれで、通常は企画側が作成した面積表を前提条件として受け入れ、それに基づいて空間を立ち上げるのが一般的である。しかし、そういった場合も面積表やその隣接条件を丁寧に読み込みながら、その行間を解釈していくことが十分に可能である。本節では、「京都府新総合資料館設計競技」での試みを例に解説してみたい。

このプロジェクトにおいて筆者は、平田晃久氏に参画を請われ、チームの一員として、面積配分と平面図を練りながら、案の作成を支援している。この設計競技のプログラムは、大学図書館、府の図書館、大学の研究機能、観光機能などをひとつの建築の中に収める複雑なものであったので、まず取りかかったのは、複雑な設計要綱を機能ごとに整理し、機能構成図として調整する作業であった。

図4-3 京都府新総合資料館設計競技(平田案)透視図

こうした複雑でわかりにくい設計要綱に加えてこのプロジェクトを難解にしていたのは、建築家が提示する形の複雑さであった。平田氏が出した案は市松状に構成された立体的なヴォリュームが、図書館空間を大きく覆うという入り組んだものであり(図4－3)、各平面単位は分節され、接合部も限られていた。複雑なプログラムを操作すると同時に建築家の考える難しい空間条件の中にそれを流し込まなければならないという二重の困難さに直面したわけである。ここにおいて重要な役割を果たしたのが、ダイヤグラムである。ただし、ここで作成したのは、施設のミッションを抽象的な関係性として表現した一般的なコンセプトダイヤグラム(例えば図4－1のような)ではなく、必要なヴォリューム(面積)とともに機能相互の関係を図示するバブルダイヤグラム(図4－4)である。これに書き下すことを通

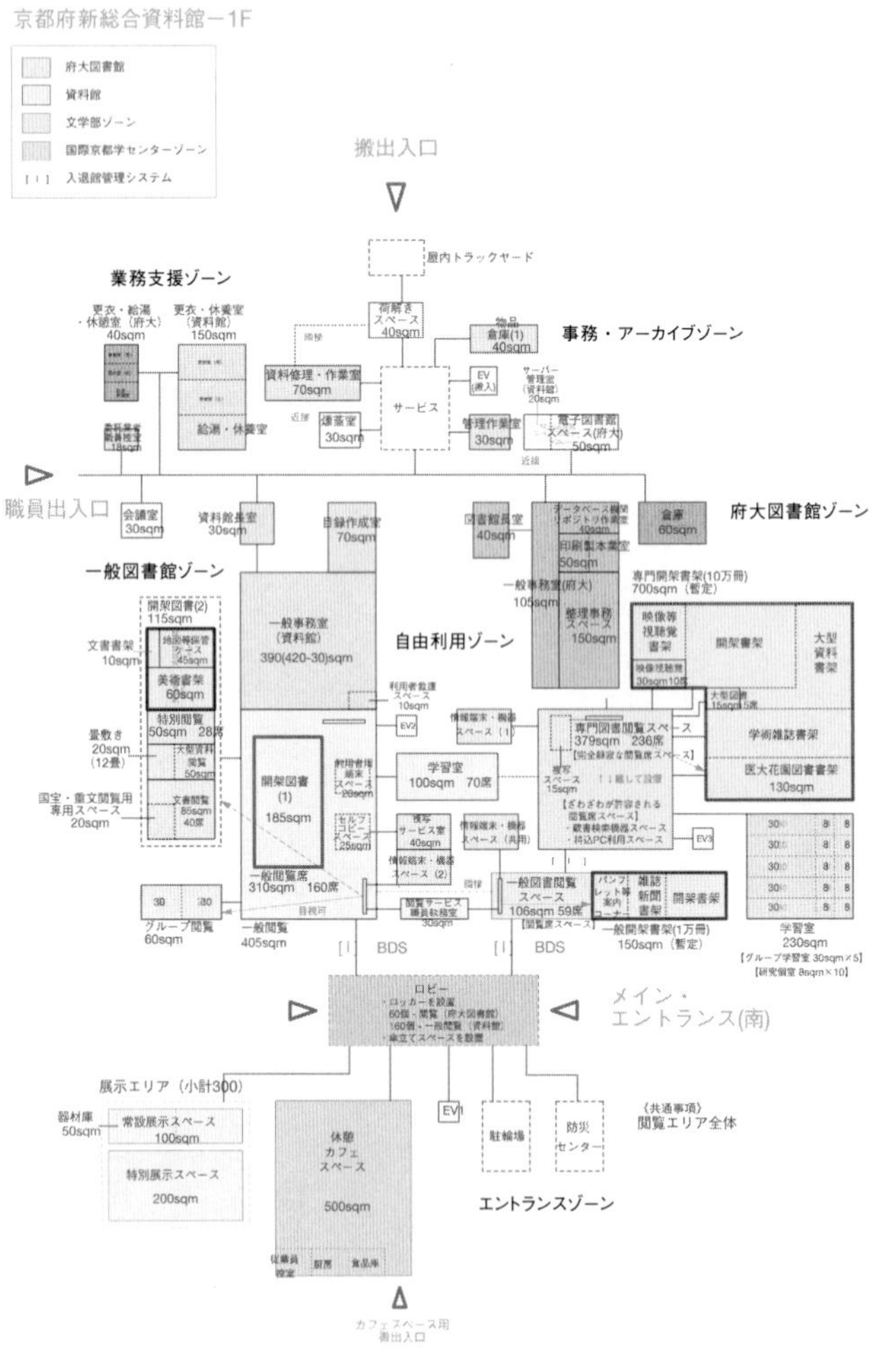

図4-4　京都府新総合資料館設計競技（平田案）機能構成図

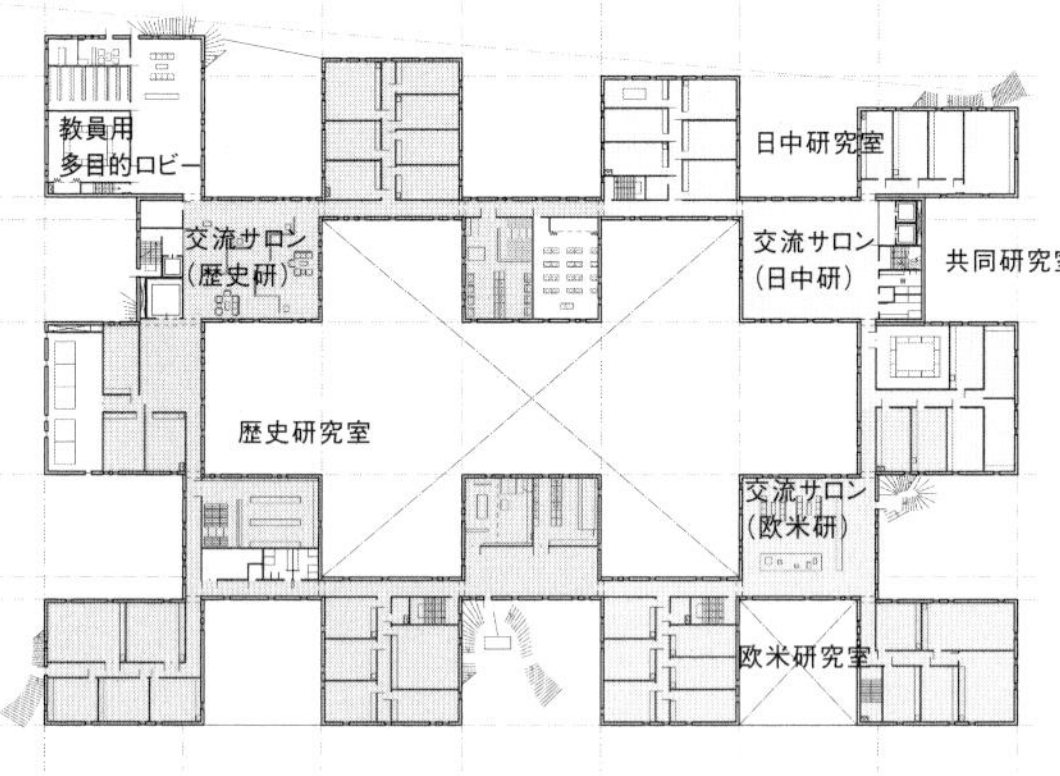

2 階平面図：府立大学文学部ゾーン

各研究領域の独自性に配慮したクラスター型の構成を取りながらも、アクティビティも交点にサロンを設けることで相互の有機的な交流を可能にしています。

1階平面図兼配置図：図書・歴史資料ゾーン

資料館／府大図書館のわかりやすい区分と融合

資料館機能を西、府大図書館を東側に配置、段階的にセキュリティが管理できるようにし、わかりやすく使いやすいプラント資料の安全を両立しました。ロビーに面したアイランドカウンターが全体案内、資料持ち出しチェックなどの基礎的サービスを受け持つ一方で、奥の事務機能と連動した資料館、府大図書館のカウンターでは、専門的サービスを提供します。それぞれを区分することによって効率的で質の高い運用を実現します。

図4-5　京都府新総合資料館設計競技（平田案）平面図

して、複雑で飲み込み難かった構成も直観的に理解できるようになっていく。さらに、そのダイヤグラムを建築家から原案として出された空間構成と見比べながら、それが整合するように平面を描き変えていった。この作業を通してロジスティックやセキュリティについても不安定であった当初の案の問題が改善されるとともに、各機能相互の連携が具体的な平面形として整理され、この施設型が潜在的に有していたさまざまな可能性が平面として開かれていく（図4-5）。

この作品は、運営を司る主催者には高い評価を受けたものの、最終的には分節されたヴォリュームを連結するアイデアはフレキシビリティに欠けるという観念的な評価で2等（優秀賞）に甘んじることになった。各ヴォリュームには独立して処理し得るといった高次のフレキシビリティが確保され、動線、面積配分ともに丁寧に解いたスキーマであっただけに[注4]、残念な結果であった。

1 石井威望・桂英史・伊東豊雄・伊東豊雄建築設計事務所、『せんだいメディアテークコンセプトブック』、NTT出版、2001
2 磯崎新ほか、『せんだいメディアテーク設計競技記録誌』、仙台市、1995
3 小野田泰明、「コミュニケーション可能態としての建築へ」、『新建築』3月号、新建築社、2001、218～221ページ
4 日経アーキテクチュア編、『平田晃久＋吉村靖孝』（NA建築家シリーズ06）、日経BP社、2012

第５章　ダイヤグラムは、便利だが道具に過ぎない。道具に使われてはならない。

モデルプランによるコンテクストの捨象

機能の展開可能性を担保する面積表とその接続関係を指示するダイヤグラム、このふたつをセットで操作することで、ある機能を発揮する平面形が案出可能なことは、前章で述べた。けれども現実の社会は複雑で、一品生産的に建築プログラムを書き下ろすだけでは、「用」を創出することはできない。特に、土地にしっかりと建って、独立していることが常態である建築と異なって、法律や経営などさまざまな事象とシームレスにつながる運営業務をプロジェクトごとに独立で働かせることには障害が大きい。例えば、図書館の面白いアイデアがあったとしてもそれを運営するための司書の教育や分館のシステム、そのすべてを連動させる必然性が示されなければ、採用には至らない。3章で述べたように、建築家・エンジニア・マネージャー、言い換えれば、建築界・技術界・事業界のさまざまな事象がある程度整合していかなければ、そうしたアイデアの実現は困難なのだ。

こうした問題を回避するために案出されたのが、プログラムとプランの対応をあらかじめ解いておいて、その複製を普及させるやり方、すなわちモデルプランだ。モデルプランの開発と全国への普及は日本において、集合住宅、学校、病院など、さまざまな施設型で採用されてきたが、建築計画学にとっても戦後から高度経済成長期までの期間は、モデルプランを導き出す科学として社会的な期待が寄せられていた幸せな時代であった。特に集合住宅におけるモデルプランは、農村から都市へ多くのひとが移動する一方で、資材・技術・予算などが限られていた戦後復興期においては大きな意味をもっていた。

そういった背景のもと、当時の建設省が主導して、いくつかのプランが開発される。それらの中で最も有名なのが、わずか35㎡足らずの「1951年度公営住宅標準設計C型」、いわゆる「51C型」である（図5－1）。35㎡といえば、今日では1DKがやっと確保できるほどの大きさに過ぎないが、東京大学の吉武泰水とその研究室の鈴木成文らは、キッチンと食事室を兼ねた椅子座のDKを導入し、それまで襖で仕切られていた個室間仕切りを固定化するなど、さまざまなアイデアを盛り込んで2DKの標準型を作り出した。[注1]

「51C型」の設計を貫いているのは、第1に機能によって空間を整理しようとする態度だ。最小限の広さであるにもかかわらず、寝る場所と食べる場所は別の部屋として設けられ（寝食分離）、可能な限り多くの個室が設けられている（性別就寝）。第2には、家事労働の軽減と中心化が挙げられる。主婦が働く流しを従来の北面から南面に移動させ、のちにステンレス製のキッチンを装備するなど、戦前の家父長制の乗り越えが意図されている。3つ目はプライバシーの確保である。個室間の視線は遮断しながら家族の視線は共用空間で交わるよう調整されているが、これらは自立した個の集合体である理想的家族像の表象でもあった。

このようにモデルプランは、どのようなコンテクストでもある幅の行為を期待することができるという長所をもっているが、その半面、建築の建つ敷地の個別性やそれを使う人びとが有する文化性を取り込むことが難しいという限界を抱えていた。モデルプランがライフスタイルを画一化する先兵としてさまざまに批判されるのは、そうした側面があるからでもある。「51C型」の開発者のひとりである鈴木成文が、集合住宅における内部と外部との関係の解明とその構築に活動のフィールドを拡張していくのは、まさにそういった点を理解していたからであろう。注2

もっとも、「51C型」が組み込まれることを前提としていた当時の一般的住棟タイプ、階段室型は接地性が高く、日照時間の確保に過度に反応しなければ、比較的自由に配置を展開できる汎用性をもっている（図5-2）。初期のような抽象的な配置を破棄して、地勢に合わせて丁寧に配置すれば、モデルプランが捨象してきた場所との関係性をもう一度再生できる手法なのだ。しかしながら時代は、それとは異なった残酷な方向に展開する。

商業化によるセル化の進行

この階段室型は、通風や採光を取りやすいという利点の一方で、階段でしか各戸にアプローチできないため、高層化やバリアフリーに対応しにくい弱点を有していた。高層化できないということは、土地によっては多数の住戸の確保を要求される民間事業者には採用しにくいということであり、バリアフリーに十分対応していないということは公的ストックとしては課題があるということでもあった。そのため、階段室型とは別にそうした弱点を解消したタイプが普及することになる。これが北側の外部廊下で南面住戸を束ねた片廊下型だ（図5-2下）。この型には、最小限のエレベーターで各戸のバリアフリーを確保でき、高層化にも対応しやすい、設計が比較的簡易で同条件の住戸を多数確保できる、などの長所があった。そのため民間の分譲型集合住宅や近年の公営住宅までさまざまな集合住宅で採用され、現在の日本における集合住宅の標準となっている。

しかしこのタイプには問題も存在する。限られた廊下長さの中にできるだけ多くの住戸を詰め込む方が経済的なため、各住戸は間口幅を小さくする圧力（フロンテージセーブ）を強く受ける。そうした圧力により、プライバシーを必要とする個室が、プライバシーが十分ではない廊下側に押し出され、パブリックと相性の良い居間が反対側に押し込められる奇妙な住戸平面が生み出される（図5-3）。これは、パブリック／プライベート／コモンという順番で空間が接合される、すなわち外に対して閉じた空間構成でもあった。こうした自閉した住居プランは、生活行為の外への染み出しを減少させ、共用空間を最低限の外廊下や階段だけからなるアクセスに特化した痩せた空間におとしめてしまう。[注3]

また片廊下型ではエレベーターコアを中心に動線が構成されるため、住棟のエントランスも必然的に一ヵ所に絞り込まれる。そこにセキュリティゲートを設置すれば、街とは縁を切った空間が出

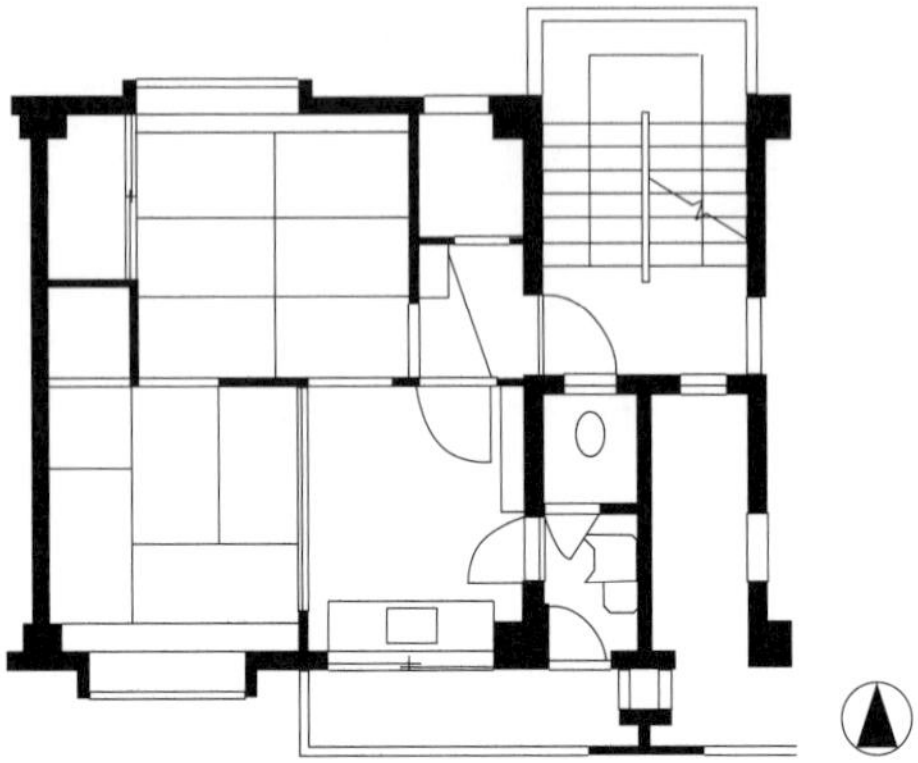

図5-1　51C型住戸平面図

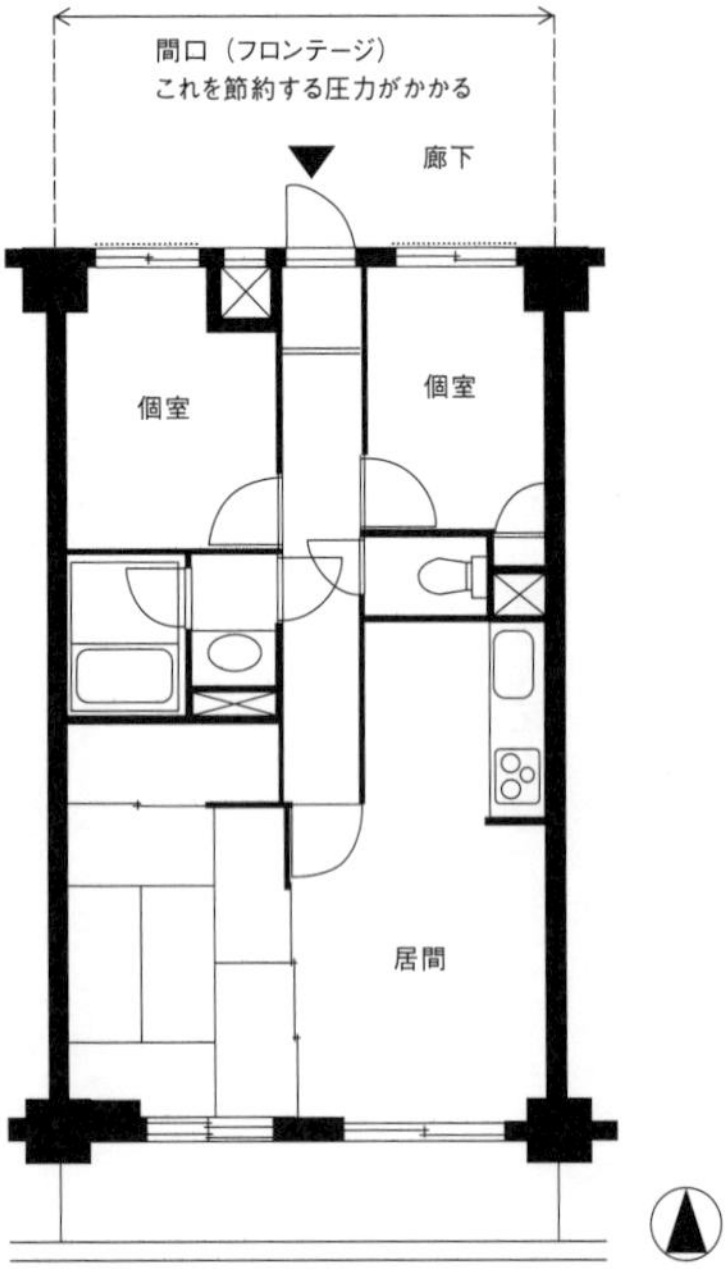

図5-3　片廊下型住戸平面図（3LDK）

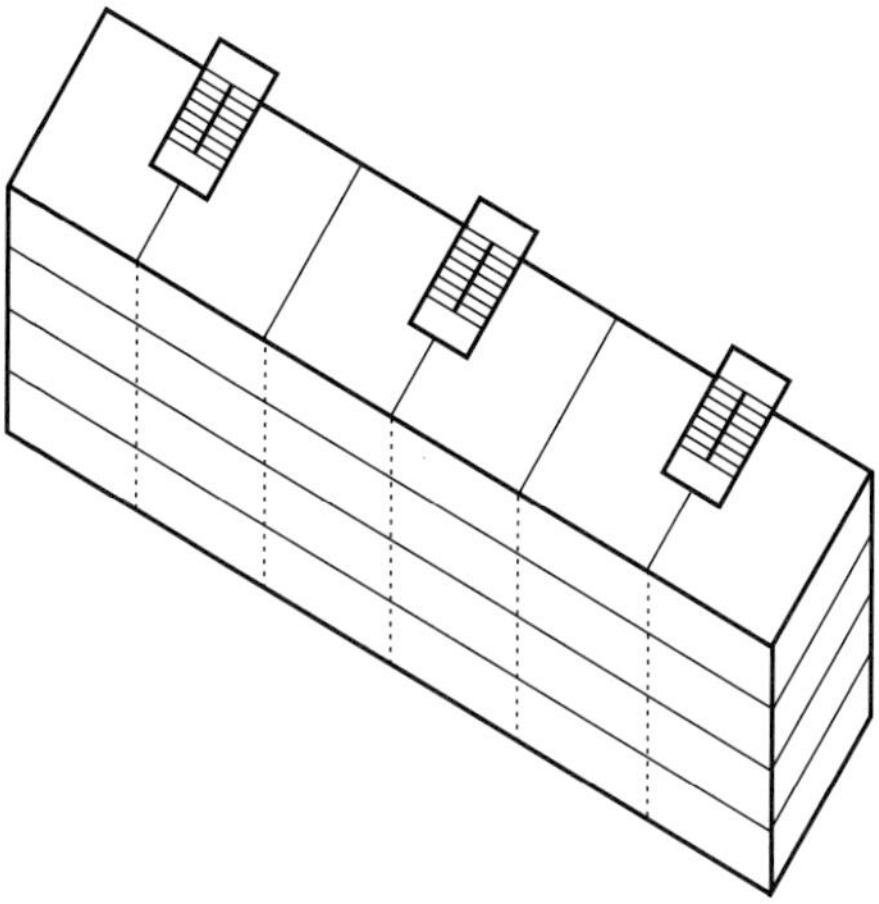

階段室型

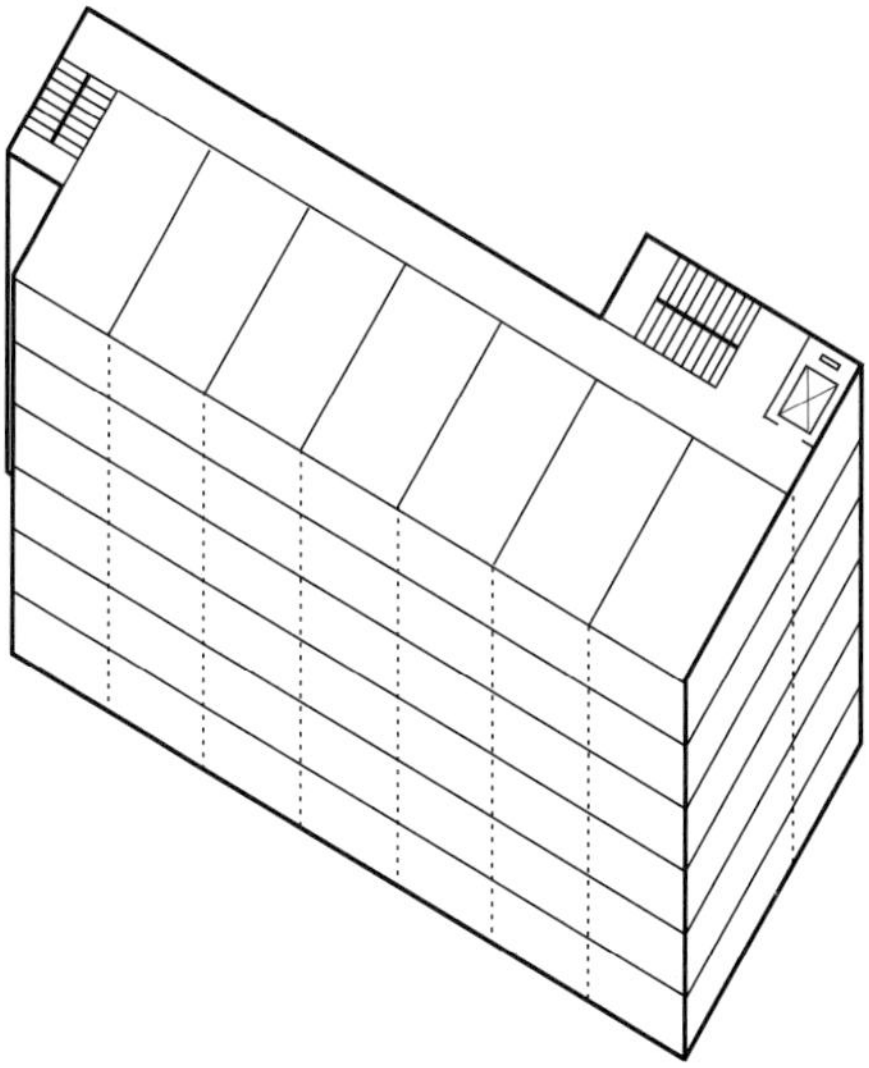

片廊下型

図5-2　住棟構成図

来上がる。通路と各住戸のアノニマス（匿名的）な関係が、街と集合住宅の関係においても繰り返されるのである。ここでは、モデルプランよりももっと冷酷に匿名化されたユニットを集合させる力がかかっている。いわば、一戸一戸の住戸を小分けして、ばらばらに増殖させるセル化とも呼ぶべき傾向が介在しているのだ。ここに示されている均質化と断片化こそ、前述のルフェーブルが危惧した抽象空間の性質そのものでもある。

ダイヤグラムの発動

モデルプランを媒介とした画一的な計画に対する乗り越えは、何人かの優れた建築家によって行われてきたが、最もセンセーショナルだったのが「くまもとアートポリス」における建築家、山本理顕の仕事であり、この試みを特徴付けていたのが「ダイヤグラム」の活用であった。

地域文化を逍遥することを目的に設けられた「くまもとアートポリス」は、国際的建築家であるコミッショナーが県内のプロジェクトに優秀な建築家を送り込む事業で、当時の熊本県知事、細川護熙の声掛けによって1986年に始められている。そして初代のコミッショナーであった磯崎新が、最初の県営住宅（「熊本県営保田窪第一団地」）の設計者として指名したのがこの山本理顕である。磯崎は、山本が家族と住宅の関係をダイヤグラムによって考究し、それを応用したユニークな住宅を実現していたところに目を付けたのだ。新たな集合住宅の計画に際して山本は、当時発表していた個室が社会に対して開かれたモデルを拡張し、住戸でコモンを囲うダイヤグラムを案出する（図5-4、5-5）。注4 関係性の関数であるダイヤグラムには、それぞれの環境に合わせてプランを設定できる長所があるが、このことによってモデルプランが苦手とした個別的環境への応答がスムーズになる。「保田窪第一団地」では、こうした性質を使って、周辺環境を読み込んだ住棟構成や、集まって住む新しいイメージを感じさせるデザインが実装されている。その一方で、ダイヤグラムを通じて、山本の理念が比較的ダイレクトに空間化されているために、ダイヤグラムが要求するライフスタイルと一般の人たちが慣習的にもっているそれとがさまざまに反応して（反発、不適応、適応、活用、諦め……）、複雑な様相が出現している。このようにダイヤグラムは、投げ込み理論に基づいた社会運動の梃子として、優れた性質を有しているが、他方で、抽象的な関係性を記した記号に過ぎないという冷酷さをもち合わせている。そのため、それを実際の建築に描き起こすには、建築家の感性や創造性を介することが要求される。「保田窪第一団地」の設計は、建築家がその創造性を慎重に発動させることで、ダイヤグラムのインパクトと、空間の豊かさの両者をぎりぎりの所で両立させているが、これは優れた建築家による希有な例でもある。このように、ダイヤグラムは、強力な機能を有する一方で、その運用に丁寧な注意が要求される面倒な道具なのだ。

空間帝国主義

この危うさを鋭く感知し、「空間帝国主義」と揶揄したのが社会学者の上野千鶴子である。注5 上野は建設後に学生らと「保田窪第一団地」で実地調査を行って、コモンスペースとして閉じられた中庭は子どもにとって良好な遊び場であるが、高い年齢層には否定的な評価が多いこと、住民は公私に区分された住戸プランの使いこなしに苦労していること、イベントが一部だけに限られ、実際の住民はそれから距離がある傾向もあったこと、といった問題点を抽出する。上野の批判は、空間提示によって社会を変革しようとする建築人に対し、そのアプローチが限定的であると差し戻した点では意味があったが、別の問題もはらんでいた。上野は建築家に引っ張り出される形で、批評の対象を山本の集合住宅から前述の「51C型」にまで拡大し、空間決定論という形で総括しているが、これまで述べたように両者の間には商業化によるセル化が存在する。このことを抜きにして空間決定論を議論することには、ちょっと片手落ちのような気がする。

さらには、社会関係を称揚するような上野の立ち位置は、「帝国」を破壊するための攻撃的な物言いであることを差し引いても社会関係と空間とを必要以上に切り離しているようにも聞こえる。ここにルフェーブルやソジャらが指摘する歴史主義による空間軽視の傾向を見ることはそう難しくはない。

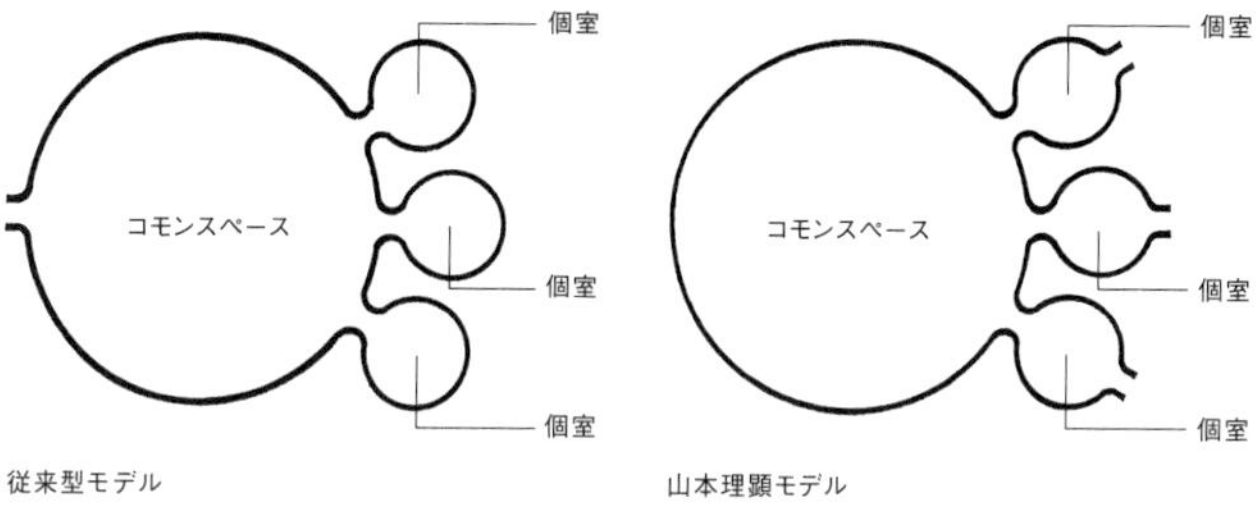
個室
コモンスペース
個室
個室
従来型モデル
個室
コモンスペース
個室
個室
山本理顕モデル

図5-4　山本理顕による住宅ダイヤグラム

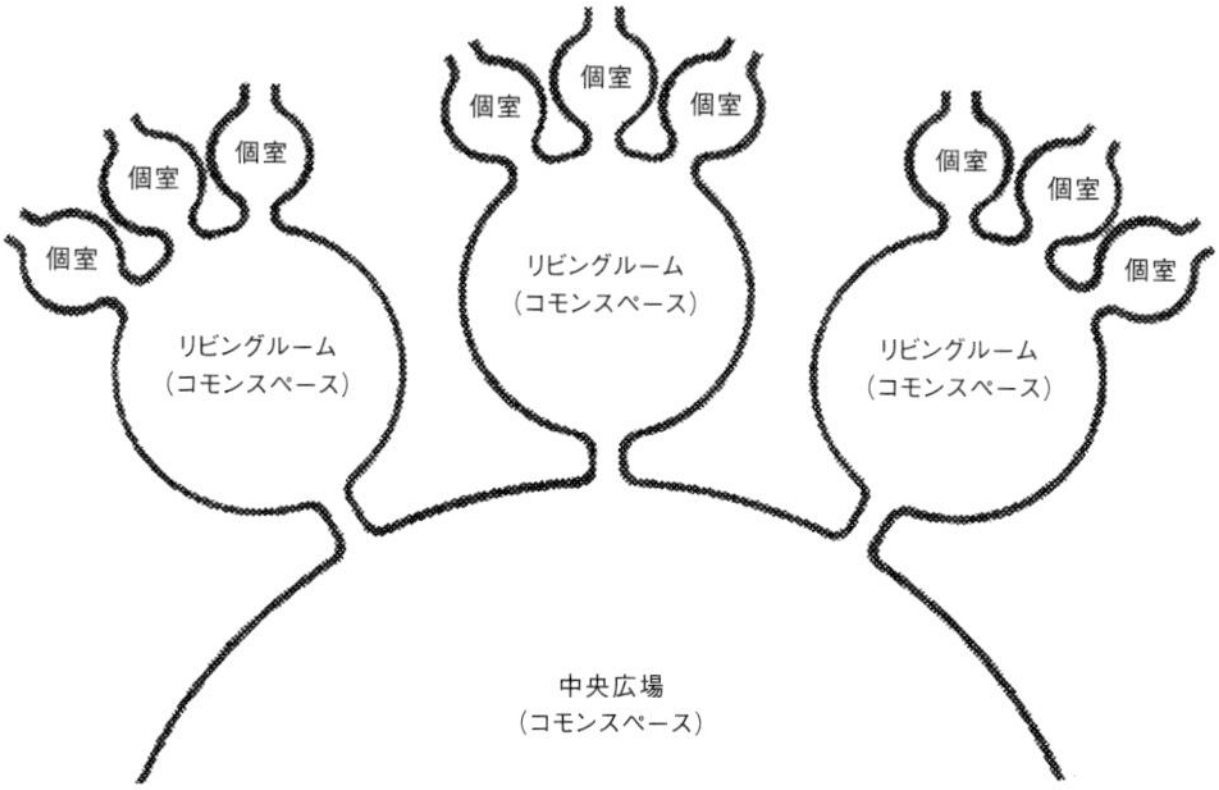
個室
個室
個室
個室
個室
個室
個室
個室
個室
リビングルーム
(コモンスペース)
リビングルーム
(コモンスペース)
リビングルーム
(コモンスペース)
中央広場
(コモンスペース)

図5-5　山本理顕による集合住宅ダイヤグラム

そういう課題はありながらも、上野が言うところの「空間帝国主義」、いわばダイヤグラムの作動を介したドラスティックな空間構築への志向は、建築家の思念と住民の日常生活の対比を前景化させている。ダイヤグラムの作動は時に、風呂から外部を通って居間に戻るといったような、接続関係のずらしによる深刻な不整合を浮かび上がらせるが、これは、収納や玄関が狭い、水回りの位置が使いにくいといった、モデルプランの時に起こりがちなものとは質の異なる難しい問題でもある。

「51C型」の開発はその効用の反面で、モデルプランによる画一化にも若干関与はしているようだ。けれども大きく見ると、片廊下型の普及がもたらした問題の方がより深刻だ。この自閉的な住戸型がプライバシー概念と結び付いて広く受け入れられてしまったこと、それによって共有空間と専有空間の間の貴重なインターフェイスで社会的行為が起こり難くなってしまったことなど、その根は深い。吊るし上げられるべきは、「51C型」ではなく、セル化によって引き起こされた社会と住戸の断続関係であったのではないだろうか。

ダイヤグラムは魔法の杖か

このように空間操作の手法は、それぞれに長短所があり、これらを理解した上で使いこなすことが重要となる。そこで、これまで出たいくつかの手法について概観してみたい。具体的には、機能が固定されているか固定されていないかといった機能軸と、形態が固定されているかどうかを見る形態軸、この２軸でまず整理した（図５-６）。

（１）モデルプラン

機能と形態をともに指示しているのが、モデルプランである。明確な故に、そこで起動する運営システムなどプログラムへの適合性は高い。しかしながら、そこで行われる生活の画一化を引き起こしているという批判に加えて、外部の個別性は等閑視せざるを得ないという性格のために、ひとの社会生活を豊かなものにする起点であるはずの内外の境界線が、抽象空間化の最前線になってしまう限界も有していた。

（２）セル化

モデルプランと併用して用いられることも多く、それゆえに「51C型」とフロンテージセーブの「nDK型」の関係のように相互に混同されることも多い。しかし、反復がもたらす経済的合理性こそこのアプローチの最大の特徴であり、高密度な状況下におけるその実行を可能にするため、各セルは徹底して個別化される。言い換えれば、各セルには過度なプライバシーの導入がもたらされ、結果、この手法の濫用は、住の閉鎖化とそれによる社会関係資本の減少といった問題を生起させてしまう。

（3）ダイヤグラム

各機能の接合関係のみが指示されており、形態から自由であるため、さまざまなコンテクストに適応可能で、前述のようにコンセプトダイヤグラムやバブルダイヤグラムなど、用途によっていくつかの種類が存在する。過激な接合関係も可能で、実際にそれが起動した時のインパクトも大きい手法であるため、空間帝国主義の代表的兵器としての位置付けを与えられている。[注6] もちろん、人間の適応能力は高いために、さまざまな適応が起こることで、悲劇的な状況は回避され、むしろ硬直した社会関係が変化していくことも十分に考え得る。つまり、実践を投げ込んで、社会をドライブさせようとする投げ込み理論である。しかしながら、それを実際に仕掛け、安全側に着地させるのは骨が折れる作業である。後述のように運営を視野に入れたプロセスの確保など、丁寧なサポートなしに採用するのは危険な手法ともいえる。

（4）新ユニバーサルスペース

優れた建築家によって創出されつつある空間であり、ひとつながりでありながら微妙に分節された

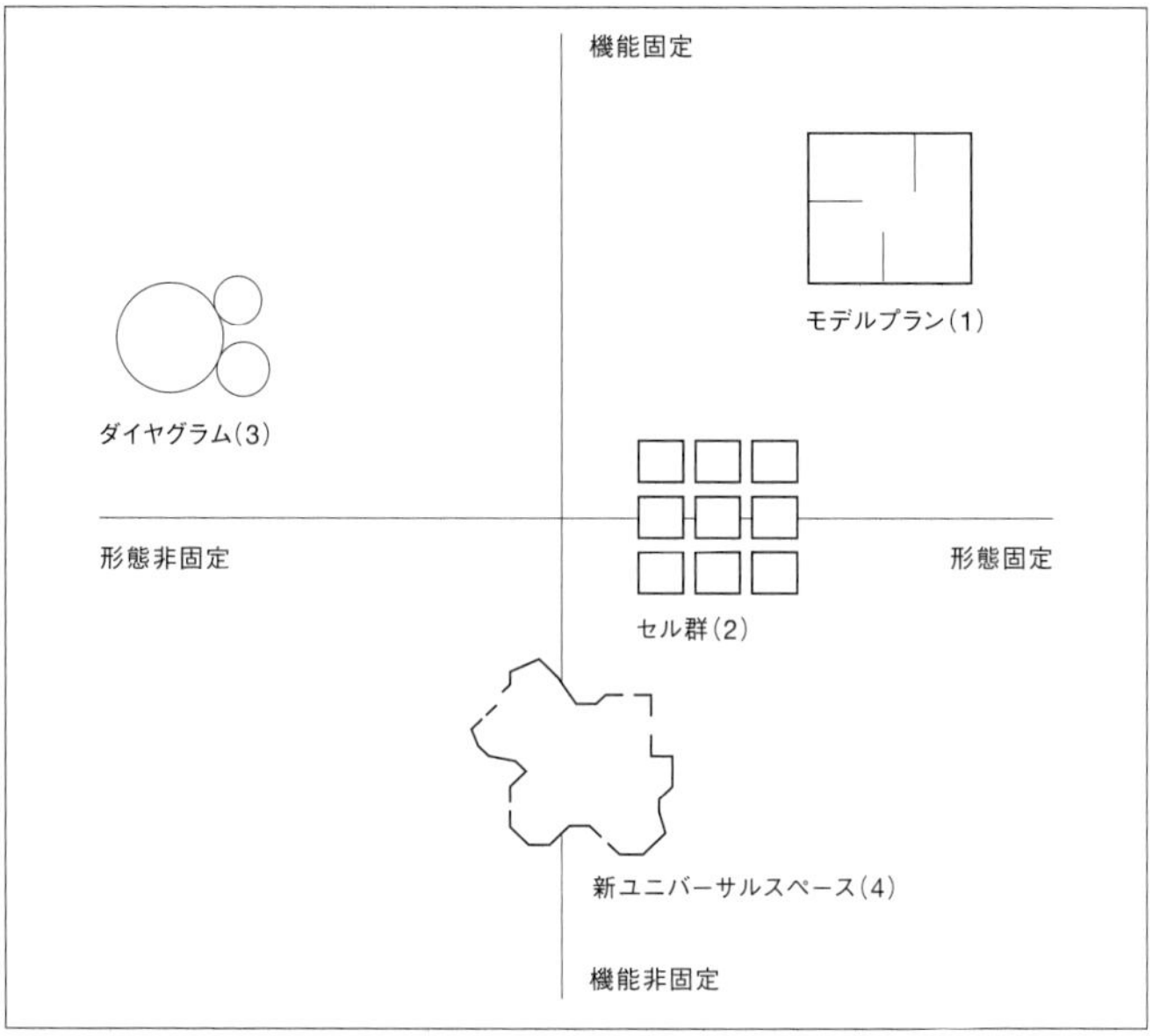
機能固定
モデルプラン(1)
ダイヤグラム(3)
形態非固定
形態固定
セル群(2)
新ユニバーサルスペース(4)
機能非固定

図5-6　空間操作手法の分類

空間が多くの人に開かれている存在である。注意深く仕上げられた空間は、そこを動く主体の知覚に働き掛け、利用者は、そうした空間の微差を読み取って思い思いに活動を展開する。しかしながらこれは、空間の性能を使い手側の自由や能力に投げ出す、いわば善意のシステムでもあり、次章でも述べるように使い手のリテラシーによっては別の展開が生み出されてしまう。可能性は大きいが、未だ発展途上のアプローチでもあるといえる。

このように空間の操作には、いくつかの方向性が存在し、それぞれに長所と短所が存在する。そのため設計側には状況に合わせて使い分けていくことが求められる。特にダイヤグラムの突破力は大きく、その使用には十分な注意が必要である。学生の設計課題でダイヤグラムをそのまま立ち上げたようなものが見られるが、そうしたアプローチはさまざまな限界を有していることを共有していただけるとありがたい。

建築理論家のサンフォード・クインターは、プログラムとダイヤグラムの関係はルースフィットであるべきだとして、次のような警句を発している。「ダイヤグラムは、プログラムをその場でバラバラにしてしまう力をもつ半面、歴史的な成就をプログラムする力を与えてくれる。ダイヤグラムは歌であり、かつハンマーでもあるのだ。結局のところこれは単なる意思の機能に過ぎず、真実であるわけではない[注7]」

次章では、ここで出た代表的な手法、ダイヤグラムとユニバーサルスペースを用いて設計された実際の建築における利用者の行動から、これらの手法の具体的な課題について考えていく。

1 鈴木成文、『51C白書—私の建築計画学戦後史』（住まい学大系）、住まいの図書館出版局、2006
2 鈴木成文、『「いえ」と「まち」—住居集合の論理』（SD選書190）、鹿島出版会、1984
3 小野田泰明、「空間とデザイン」、阿部潔・成実弘至編、『空間管理社会—監視と自由のパラドックス』、新曜社、2006
4 山本理顕、『新編 住居論』（平凡社ライブラリー）、平凡社、2004
5 鈴木成文・上野千鶴子・山本理顕・布野修司・五十嵐太郎・山本喜美恵、『「51C」家族を容れるハコの戦後と現在』、平凡社、2004
6 小野田泰明、「ダイヤグラム」、小嶋一浩・ヴィジュアル版建築入門編集委員会編、『建築の言語』（ヴィジュアル版建築入門5）、彰国社、2002
7 Sanford Kwinter, "The Hammer and the Song", *OASE*, 48 «Diagrams», NAi Publishers, Netherlands, 1998

第6章　空間で、ひとを自由に操ることはできない。

総合学科高校…新しい施設型とダイヤグラム

前章までさまざまな計画の方法論について整理したが、本章では、それらを活用した良作であるにもかかわらず、利用者の行為が計画側の思惑とは異なる方向に進んでしまったケースを見ながら、計画後の課題について考えてみたい。

ここで取り上げる新しい施設型は、「総合学科高校」である。1993年に誕生した総合学科高校は、複数の開設科目の中から生徒がカリキュラムを選択する制度で、普通科・職業学科に続く高等学校の第3の形式と呼ばれている。ある具体的な目的の下に編成されたコースが複数用意され、生徒はその中で比較的自由に科目を選択しながらそれぞれの学びを深めていく。このシステムは、教育界でも多くの期待をもって受け入れられたが、一方で生徒の居場所が流動化することでドロップアウトの危険性が増加する[注1、2]、多様なメニュー供給は必ずしも専門性を保証しない、など懸念も多い。[注3、4] 特に佐藤学は、米国で科目の自由選択（カルチェラタン方式）が必ずしも成功していない例を挙げつつ、生徒による選択を無条件に信頼する風潮を鋭く批判している。このように、この新しいプログラムにどのような空間構成がふさわしいのかについては、依然議論が続いており、その結果、現実にはさまざまな空間型が使い分けられている。[注5]

教科教室型｜非片廊下型｜ダイヤグラム

A校：3階平面

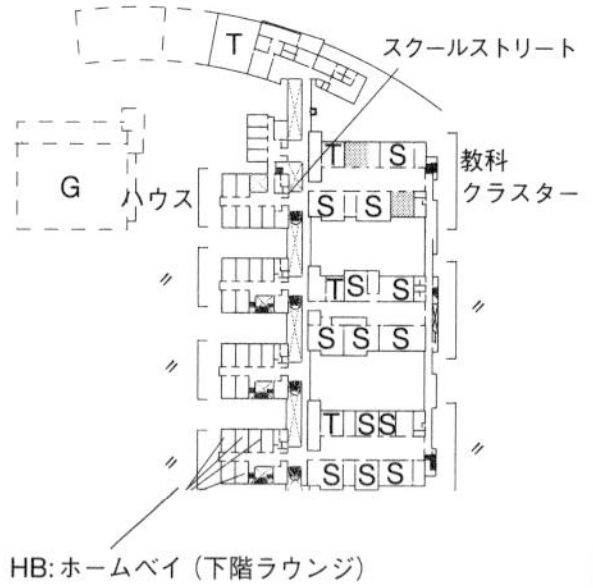
T
スクールストリート
T
S
教科
クラスター
G
ハウス
S
S
T
S
S
S
S
S
T
SS
S
S
S
HB: ホームベイ（下階ラウンジ）

開校年	2002年			
校舎	新築（2002～）、3階建			
全校生徒数（系統数）	985人（9）	国際人文/福祉/芸術・デザイン/ビジネス/機械/自然科学/体育・健康/情報/都市工学		
敷地面積	25,597㎡	延床面積	18,790㎡	
教室の種類と数	HR教室24 特別教室38、小教室7、ラウンジ4、HB 24			
空間的特徴	HB、ラウンジからなる4つのハウス（生活空間）と8つのクラスターからなる教科教室（学習空間）が吹抜のスクールストリートにより連結。			
背景等	新設校。全日制、定時制から構成			

HR中心の特別教室型｜非片廊下型｜新ユニバーサルスペース

B校：2階平面

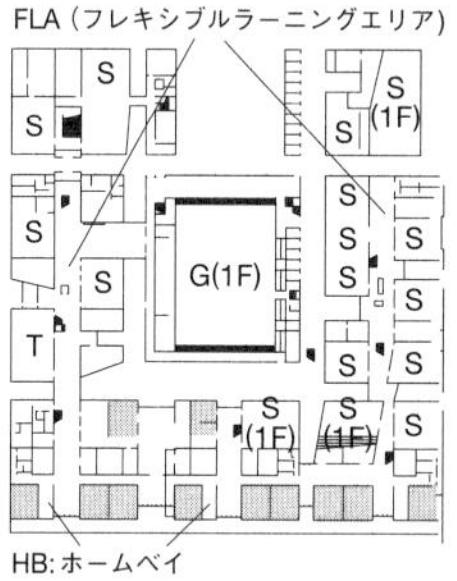
FLA（フレキシブルラーニングエリア）
S
S
S
(1F)
S
S
S
S
S
S
S
G(1F)
S
T
S
S
S
(1F)
S
(1F)
S
HB: ホームベイ

開校年	2001年			
校舎	新築（2001～）、2階建			
全校生徒数（系統数）	714人（6）	人文国際/自然科学/福祉/教養/情報科学/エンジニアリング/アグリビジネス		
敷地面積	76,221㎡	延床面積	18,120㎡	
教室の種類と数	HR教室18 特別教室27、小教室5、農場1			
空間的特徴	教室間にFLA、HBなどを挟み込み、多様な行為展開に対応。体育館中心の回遊型の構成。特別教室とHR教室の間はFLAや中庭で連結。			
背景等	地区生徒減少でW高、K農高を再編			

HR中心の特別教室型｜片廊下型｜モデルプラン

C校：1階平面

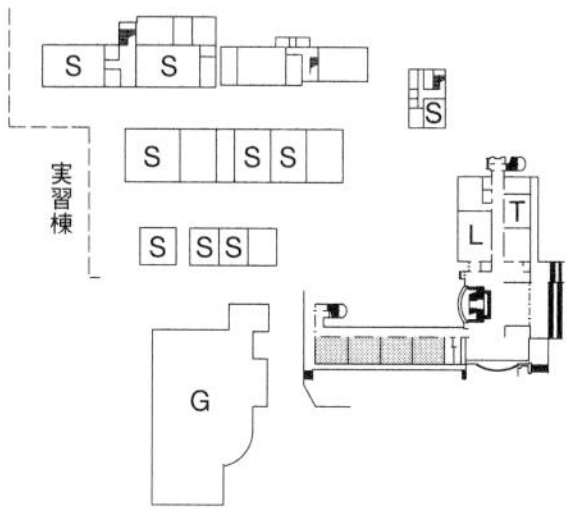
S
S
S
S
S
S
実習棟
S
S
S
T
L
G

開校年	1995年			
校舎	既存（1989～）、3階建			
全校生徒数（系統数）	463人（6）	国際教養/自然環境/社会福祉/コンピュータ・ビジネス/メカニカル・テクノロジー/情報システム		
敷地面積	68,801㎡	延床面積	10,924㎡	
教室の種類と数	HR教室12 特別教室17、小教室2、大教室3			
空間的特徴	既存の従来型校舎を転用したもの。校舎内中央階段下に共用空間としてコモンホールを確保。実習のための4つの別棟をもつ。			
背景等	少子化の影響等で近年定員割れ			

▩HR教室　S専門教室　T職員室　L図書室　G体育館

図6-1　調査対象とした総合学科高校

校舎の構成から見た学校の違い

こうした状況の下、新しい施設型に具体的な空間型を与えようと何人かの建築家が実践を行っている。それらのうちで重要なものが、ここで取り上げるA校とB校だ。過去、筆者らが行った調査に基づきながら[注6]、その実態を見てみよう（図6-1）。

A校は、実績ある計画研究者でもある建築家によって設計されたもので、「ハウス」と名付けられたホームベイ（HB）・ラウンジからなる生活空間と学習空間である教科クラスター群が、スクールストリートと呼ばれる3層吹き抜けの廊下で接合された明快な形式をもっている。これは、丁寧に精査されたダイヤグラムと機能ごとに設定された面積配分によって生み出されており、「ダイヤグラム」を作動させて導き出された建築といえる。[注7]

B校は先駆的な学校建築をいくつも生み出している著名建築家の設計で、体育館を中心とする大きな平面の中に、専門性を有した各学科の機能が整理立てて埋め込まれている。学習集団は基本的には教室をベースとするが、ここを起点に校舎内の各空間をつなぐフレキシブルラーニングエリア（FLA）が設定されており、専門教室が教室から見通せる回遊性の高いプランとなっている。明快なダイヤグラムで各部を取りまとめたというよりもFLAと呼ばれるユニバーサルな空間で全体を縫い合わせた、いわば「新ユニバーサルスペース」によって全体の統合を図った建築といえる。[注8]

これらの比較対象として選択したのが、従来型の学校と同じ片廊下の板状校舎から成るC校である。この学校は片廊下の標準設計（モデルプラン）で計画された既存職業高校の建物を転用しており、片廊下型の本校舎と実習のための4つの別棟から構成されている。

これらA～C校の生徒に対して、校舎、友達付き合い、学校の好き嫌いなど、学校生活全般に対するアンケート調査を行った（有効回答1295通）。また、それらのうち許可をもらった47人の生徒の協力を受け、詳細な意識調査も行った。後者の調査では、使い捨てカメラを与えて気になる所を撮ってもらうことを通して空間リテラシーや学校に対する意識などについて考究した。

生徒の活動から分かること

（1）学年による違い

アンケートから生徒の全体の動向を見た。総合学科高校は1年時には学級主体のカリキュラムが提供され、2年生から各コースに移行するため、クラスに帰属してコースの検討を行う1年生、クラスとコースに帰属する2年生以降、といった変化が生じる。総合学科高校に、並行して進む各コース同士の調整や、帰属が二重となった後の学生の自己管理という独自の問題が存在するのはそれ故である。それを反映して調査でも、2年生以上ではクラスの友達だけでなく、コース選定の悩みを分かち合った1年時の友人と過ごす生徒が見られている(図6-2)。この傾向は特にB校で顕著だが、これにはFLAやHR前のオープンスペースといった自由な空間が存在するため、他クラスの友人と昼食を取りやすいという平面計画の影響が伺える。

一方で、明確に機能分けされた各空間を魅力的な空間で接合したA校では、「ハウス」中のHBが男子、ラウンジかHRが女子と、各機能空間にそれぞれの集団が居着いている。設計者は「ハウス」をクラスコミュニティの起点として位置付けていたが、男女がそれぞれの空間を占有し、コミュニティが分断される結果となっている。このうち、HBを拠点とする男子の何人かは授業以外の活動のほとんどをそこで展開し、専門教室ゾーンにあまり出てこないという課題も散見される(図6-3)。

(2) 学校の活動場所

次に各学校で、平面図上で生徒たちがどこを活動場所として活用しているかを見た。A校は各空間が機能ごとに小割されており、生徒たちは教科教室型のプログラムに従う形で、それらを器用に使い分けている。つまり機能によって小割された空間をプログラムで連携させているようだ。しかし、前節で見たように学校生活の中心として設けられた「ハウス」の各空間が、男女によってすみ分けられ、十分なパフォーマンスを果たしていないといった状況も見受けられる。

一方、多様な行為を許容する共用空間が各機能空間をゆるやかに連結するB校では、機能区分

第6章 空間で、ひとを自由に操ることはできない。

	1年生	2・3年生
A校	クラス 67、部活 11、専門系 0、前の授業 10、次の授業 7、その他 7	クラス 68、部活 7、専門系 3、前の授業 9、次の授業 6、その他 22
B校	クラス 75、部活 22、専門系 2、前の授業 52、次の授業 53、その他 15	クラス 44、部活 19、専門系 10、前の授業 5、次の授業 9、その他 32
C校	クラス 63、部活 16、専門系 3、前の授業 3、次の授業 8、その他 8	クラス 42、部活 11、専門系 9、前の授業 7、次の授業 15、その他 16

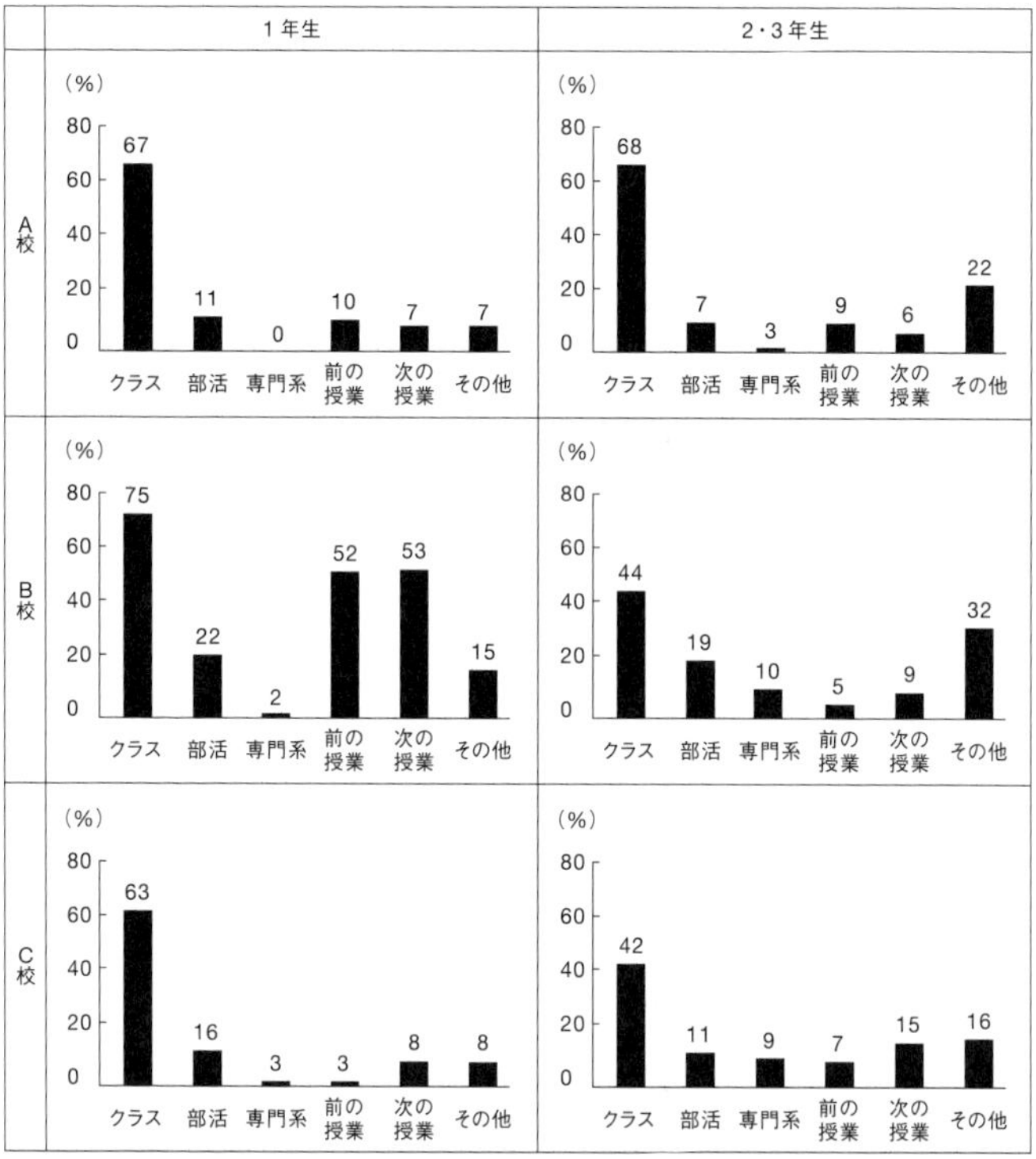

図6-2 昼休み時間に一緒にいる友人（2、3年生の「その他」の多くは1年生の時の友人である）

	A校		B校		C校	
	男子	女子	男子	女子	男子	女子
総数	128	217	268	353	111	179
HR教室ゾーン	38.3%		63.8%		79.0%	
	25.8%	45.6%	72.0%	57.5%	83.8%	76.0%
HB	32.8%	1.4%	4.1%	5.1%		
ラウンジ・FLA	10.2%	29.0%	8.2%	16.1%		
専門教室ゾーン	1.0%	0%	5.2%	3.7%	1.8%	1.1%
その他のゾーン	30.5%	24.0%	10.4%	17.6%	14.4%	22.9%

図6-3 昼食をとる場所（男女別）

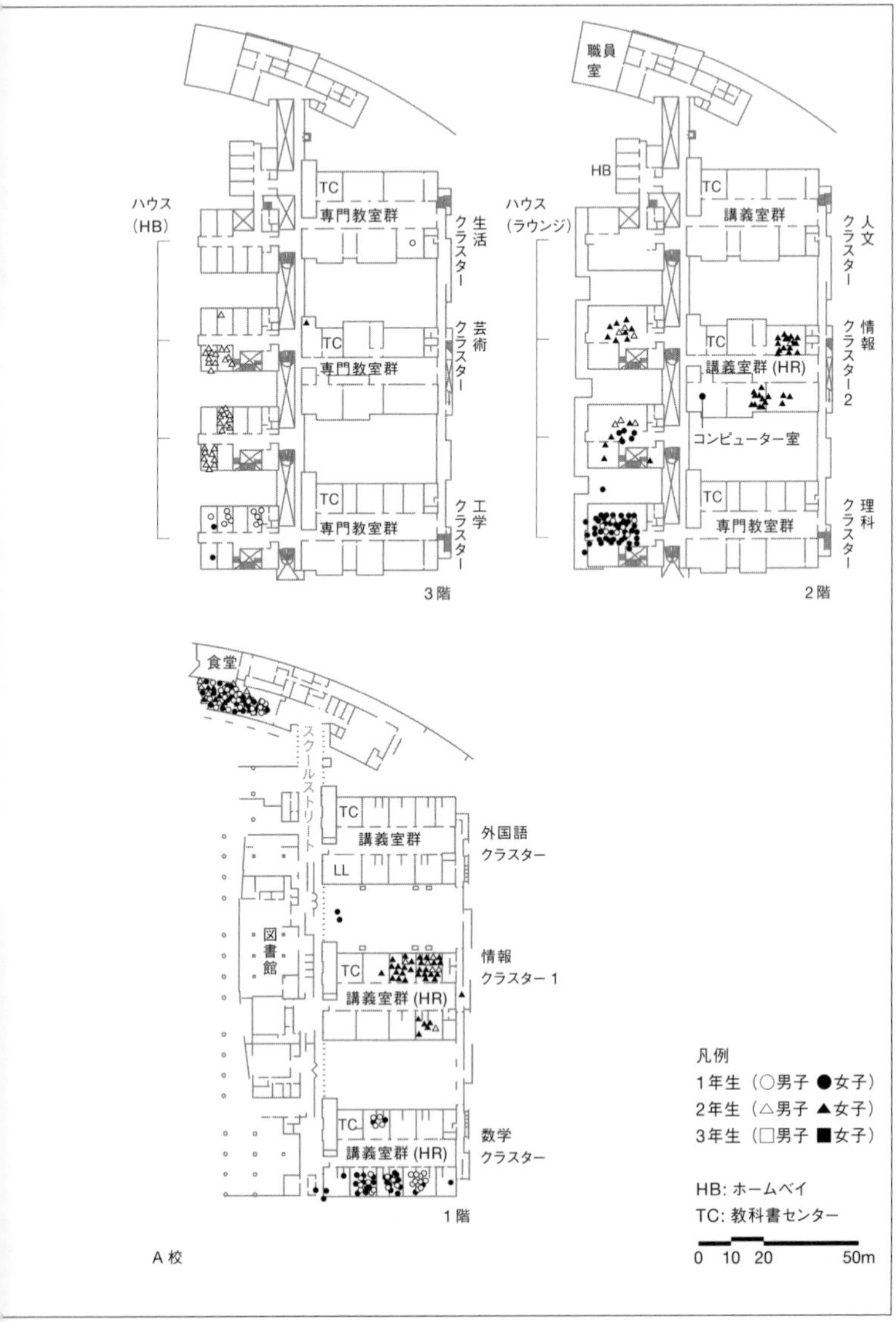
ハウス
(HB)
TC
専門教室群
生活
クラスター
芸術
クラスター
工学
クラスター
3階
職員室
HB
ハウス
(ラウンジ)
講義室群
人文
クラスター
情報
クラスター2
講義室群 (HR)
コンピューター室
専門教室群
理科
クラスター
2階
食堂
スクールストリート
外国語
クラスター
LL
図書館
情報
クラスター1
講義室群 (HR)
数学
クラスター
1階
凡例
1年生（○男子 ●女子）
2年生（△男子 ▲女子）
3年生（□男子 ■女子）
HB: ホームベイ
TC: 教科書センター
0 10 20 50m
A校

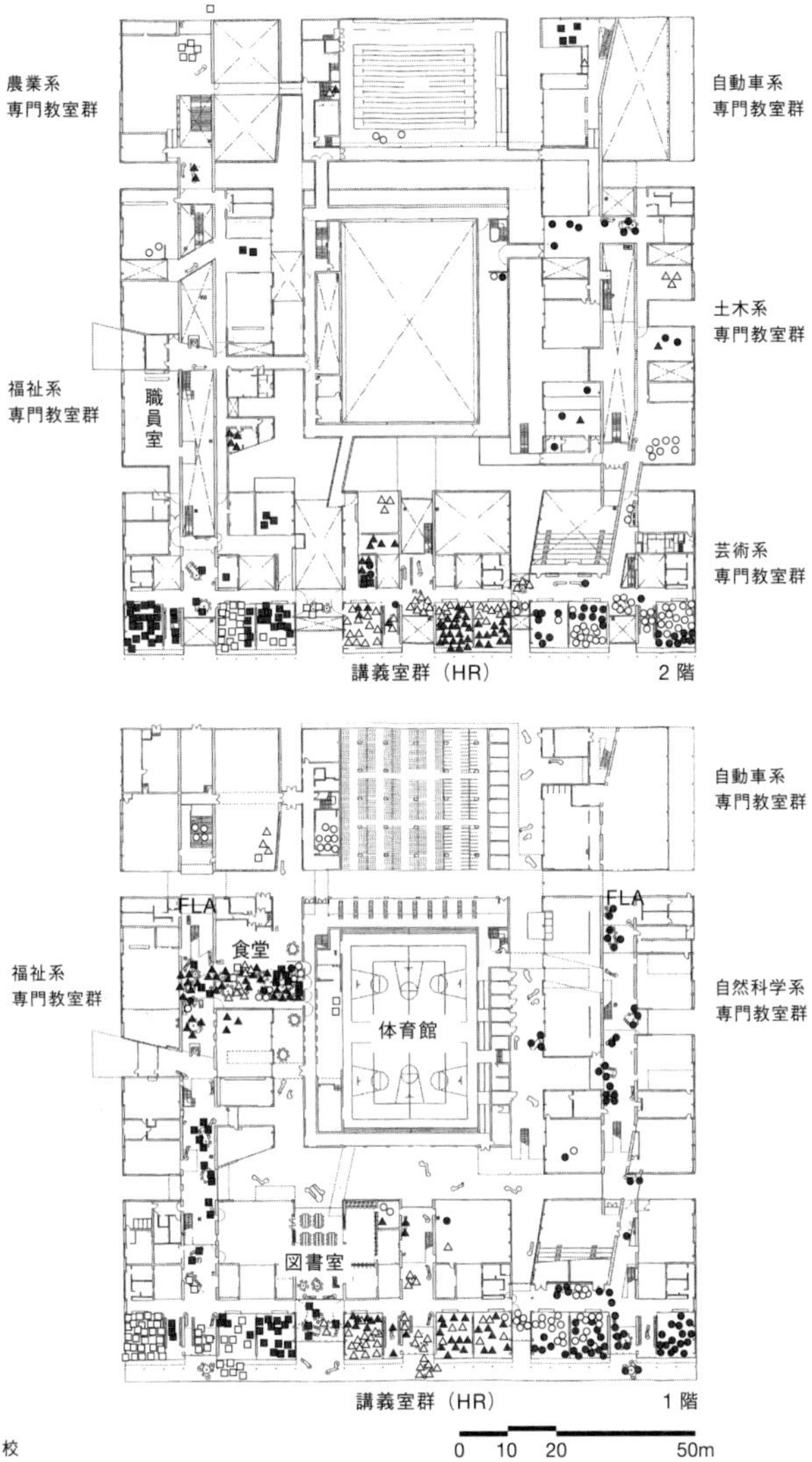

図6-4　昼休みの滞在場所（作成：谷口太郎、金城瑞穂）

はＡ校ほど明確ではないため、大半の生徒は教室を基盤としているが、連続するＦＬＡを介して活動を専門教室群に展開する生徒も見られる。昼休みの食事グループで、1年生の時の友人関係が維持される傾向があることはすでに述べたが、誰とでも出会いやすいオープンスペースの存在が、そのような行為を可能としていることが読み取れる（図6－4）。

一般に活動的な生徒ほど活動場所の数が多いと考えられるが、こうした指標と生徒の属性や学校空間の関係はどのようになっているのだろうか。学年と活動場所数との平均の関係を見ると（図6－5）、既存校舎を活用しているＣ校では、学年に従って活動場所が明確に増えている。学校における地位の向上が、勢力圏の拡大と関連しているのである。その一方で、注意深く設計されたＡ・Ｂ校では、それとは異なる秩序が生まれており、学年と活動場所数の間に関係性をダイレクトに読み取るのは難しい。

（3）写真調査と対面インタビュー

複雑な与件が関与するため行動と空間の関係は一概には言い難い。しかしながら、校内での活動拠点を多く申告し、かつ学校の中の気になる場所の写真を数多く撮ってくるような生徒は、取りあえず学校空間を積極的に活用している層と見ていいだろう。これらの層は、Ａ・Ｂ校といった空間計画上、工夫された学校に集中している。Ａ校のような空間が機能別に区分されている学校では、

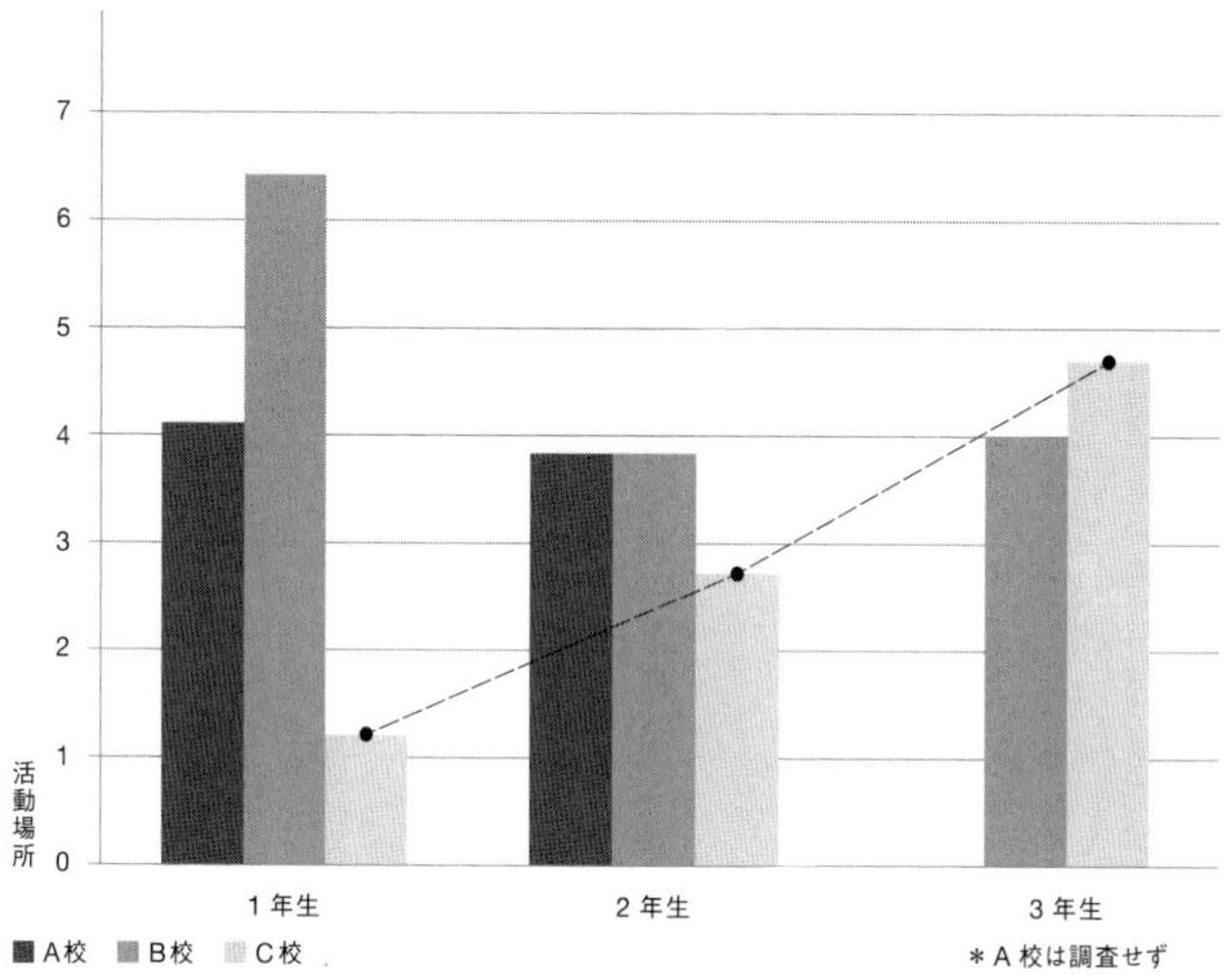

図6-5　生徒の活動場所数と学年

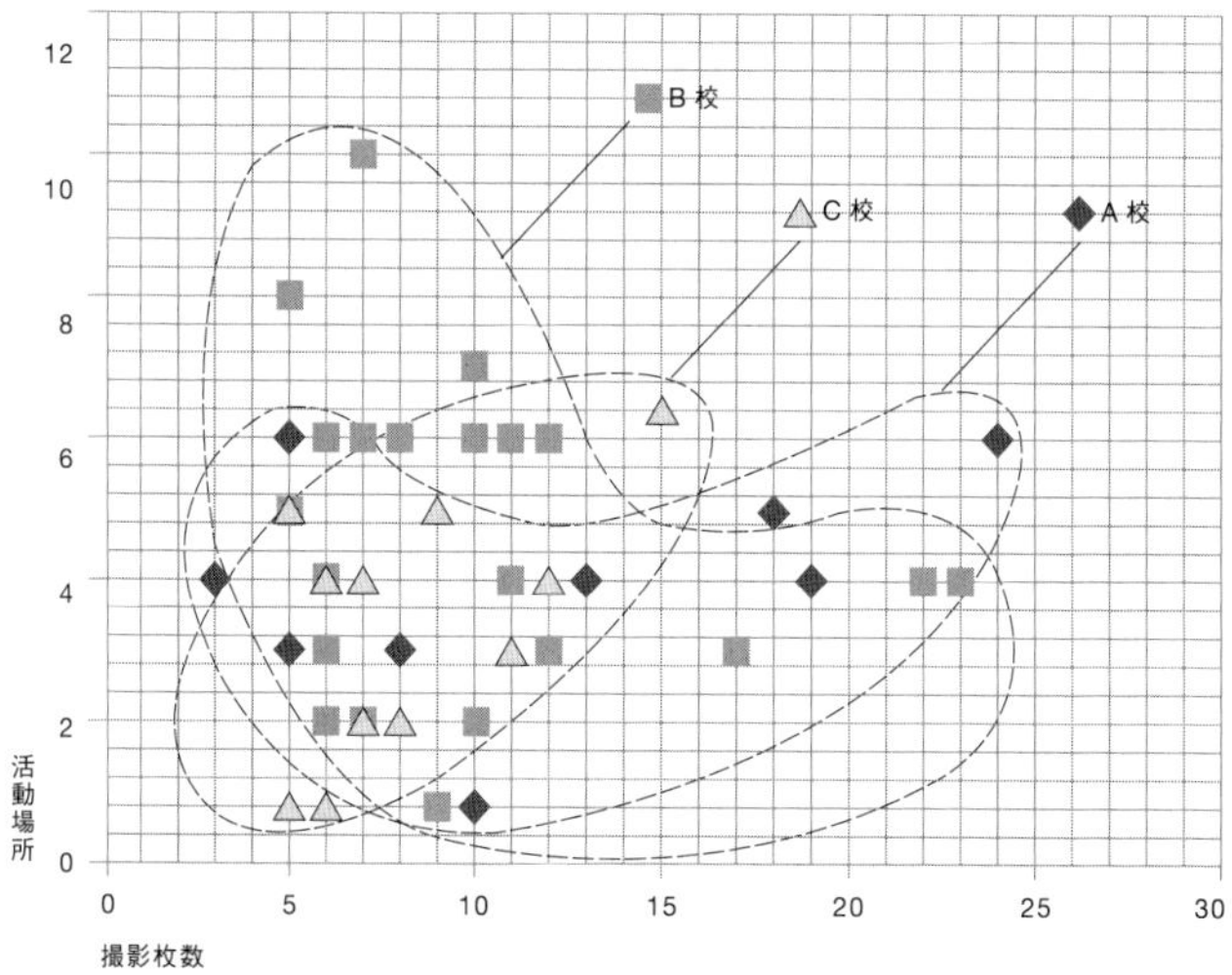

図6-6　生徒の撮影枚数と活動場所数

どの学年も面白い場所をたくさん撮っており、その解説も豊かであった。全般的に見ると活動拠点の数とこうした空間リテラシーを示すと思われる要素の間には関係が見られ（図6－6）、この傾向は撮影枚数の少ないC校においても同様であった。その一方で、オープンスペースを主体としたB校においては、両者の間には強い相関は見られなかった。空間リテラシーというよりもオープンスペースで展開される人間関係にどのように対応するかという側面が拠点数に効いているからかもしれない。

こうした傾向は、対面ヒアリングで聞いた学校に対する評価とも関係する。A・B校の生徒の多くは、空間を使い分け、評価も全般的に高い。しかし一部ではあるが、両校ともに学校に対して低い評価を示す層がおり、それぞれに個別の様相を示している。A校では教科プログラムに適応できない生徒に、B校では「友達が少ない」といった人間関係にコメントする生徒に、そうした傾向が見られている。特に後者は、オープンスペースで思い思いに展開される昼の食事グループになじめないことが要因となっているようであった。

ダイヤグラムはどうして働かないのか

丁寧に機能区分された空間構成をもつA校で、機能区分が男女のすみ分けに見られるように設計時の想定とは別の働きをしていることを把握した。各空間にそれぞれ割り振られた機能は、教科プログラム（教科教室型運営）によって統合されているものの、現実にはそうしたプログラムへの適応を良しとしない生徒が存在する。プログラムへの反感から学校に低い評価を示す彼らは、細分されたＨＢを占拠するなど、空間の使用というレイヤーにおいて反旗を翻している。

他方Ｂ校では、バッファー的な空間（ＦＬＡなど）が各部屋／機能をつなぎ、空間的にも機能的にも連続的であるために、Ａ校のような明確なすみ分けを確認することはできなかった。むしろ、この学校では、そうしたオープンに連なる空間において各々が展開する昼食グループに適応できない生徒が生まれており、彼らが学校生活に低評価を下すなど、問題の出方は異なっていた。

ダイヤグラムによって案出された建築においては、ダイヤグラムを機能させるためのプログラムが必須であり、ダイヤグラムが新規であるほど、強いプログラムの運用が求められることが多い。そのため、そうした強い設定に適応できない生徒が出てきて、彼らが空間を占拠することで、全体が変調をきたすといった負のフィードバックが起こっていた。

一方、新しいユニバーサル空間を拠り所とする建築においては、慣習力やビヘイビア・セッティングの力を借りて全体が統合されているため、プログラムはやわらかく働き、不整合も表面的にはとらえにくい。しかしながら、ユニバーサル空間の中で自由に展開される活動に適応できない生徒が何人かいるという別の問題も生じている。伊藤俊介は、一見平和に見える小学校のオープンスペースが、学童の人間関係がさまざまに展開する過酷なフィールドであることを丁寧な調査で明らかにしたが[注9]、B校のオープンスペースでもそれに近い行動が繰り広げられているようである。ちょうど、サバンナにいる動物たちがそれぞれに群れを作りながら互いにけん制しあうような状況が生まれ、適合しがたい生徒がはじき出されているようだ。前述のル・コルビュジエの「ノーブル・ブルート」の事例で見たように、オープンな空間の可能性は、それを使う人間の志向や能力に強く依存するのである。

もちろん、不適応な生徒が若干いるとはいえ、多くは新しい型の空間を楽しんでおり、A、B両校における新しい試みは全体としては成功している。普通の校舎で、狭い教室と廊下に押し込められた生徒たちは、生活環境としての校舎に諦めに似た感覚をもっており、普通の学校にすればよいということでは決してない。[注10] 彼らは、大げさに言えば1章で述べたような空間への可能性の投げ込みが閉ざされている、より厳しい環境にあるのだ。

けれども、機能分化が想定外のすみ分けに対してある脆弱性を有しているという事実は、ダイヤグラムを用いた建築計画手法の限界も示している。明確なダイヤグラムの下で丁寧に空間を練り上げたとはいえ、ひとは自由には動かないのである。このことは、建築批評家のノルベルグ＝シュルツの警句を思い起こさせる。「機能を規定し、機能の生み出す形を決定するために機能主義は機能を孤立させ、（中略）機能主義的建築はばらばらの部分の機械的な並列へとたやすく退化した[注11]」

1 小川洋、『なぜ公立高校はだめになったのか―教育崩壊の真実―』、亜紀書房、2000

2 佐藤学、『カリキュラムの批評―公共性の再構築へ―』、世織書房、1997

3 樋田大二郎・耳塚寛明・岩木秀夫・苅谷剛彦編著、『高校生文化と進路形成の変容』、学事出版、2000

4 本田由紀、『多元化する「能力」と日本社会―ハイパーメリトクラシー化のなかで―』〈日本の〈現代〉13〉、NTT出版、2005

5 周博・西村伸也・岩佐明彦・高橋百寿・和田浩一・長谷川敏栄・林文潔・渡邊隆見、「単位制高等学校の建築計画に関する研究―居場所の特性と情報伝達の仕組み（その1）」、『日本建築学会計画系論文集』No.553、2000、115～121ページ

6 本章で紹介した研究は、谷口太郎、金成瑞穂、菅野實と共同で行ったものである。小野田泰明・谷口太郎・金成瑞穂・菅野實、「総合学科高校における空間構成と生徒の行動選択」、『日本建築学会計画系論文集』No.625、2008、519～526ページ

7 船越徹・寺嶋修康・諏訪泰輔、「横須賀総合高等学校における新しいハウス制の提案・計画」、『日本建築学会技術報告集』No.17、2003、333～336ページ

8 『GA Japan』No.50、エーディーエー・エディタ・トーキョー、2001

9 伊藤俊介・長澤泰、「小学校児童のグループ形成と教室・オープンスペースにおける居場所選択に関する研究」、『日本建築学会計画系論文集』No.560、2002、119～126ページ

10 上野淳、『未来の学校建築―教育改革をささえる空間づくり―』、岩波書店、1999

11 Christian Norberg-Schulz, *Il significato nell'architettura occidentale*, Electa Editrice, Milano, 1973／クリスチャン・ノルベルグ＝シュルツ著、前川道郎訳、『西洋の建築―空間と意味の歴史―』、本の友社、1998

第７章　良い空間は、ひとをつなげ、コミュニティの基盤となる。

コミュニティを目指して…リビングアクセス再考

　空間の力でひとを自由に動かすことの難しさについてはすでに見た。空間がひとに与える影響は相互浸透的で弱い親和力しかもたず、表面的に効いているのは、時間割や校則といった行為に直接作用するプログラムだ。だからこそプログラムは、それに不整合を感じる利用者の反乱を受けやすく、その矛先は空間の占有など空間的な領域に出る場合も多い。そしてこれは、ルフェーブルが「空間的実践」と呼んだ状況の一側面でもある。しかしだからといって、空間を丁寧に作ることに意味がないわけではない。2章で述べたように、空間の存在は人間の生と密接に関わっており、建築には大きな可能性が存在するはずである。本章では、5章で見た、閉ざされたセル型住戸ユニットの繁茂によって難しい状況にある集合住宅を例に、それを回避する方向性について探求したい。

　実例に移る前に、関連研究の成果を見ることから始めよう。住居における外と中のつながりの重要性についてはすでに述べたが、実際の研究においても過去さまざまな試みがなされている。鈴木成文のもとで建築計画を学んだ小林秀樹がまとめた研究[注1、2]では、植木や生活用具など外部空間への生活の染み出しが多い環境ほど、生活者の安心感が増すことが示されており、古賀、橘らは、住まうことによって空間を領域化することの実際やその複合的な性格を明らかにしている。[注3、4]その他、プライバシーや近隣、福祉サービスなどさまざまな入口から住生活の構造を明らかにした研究

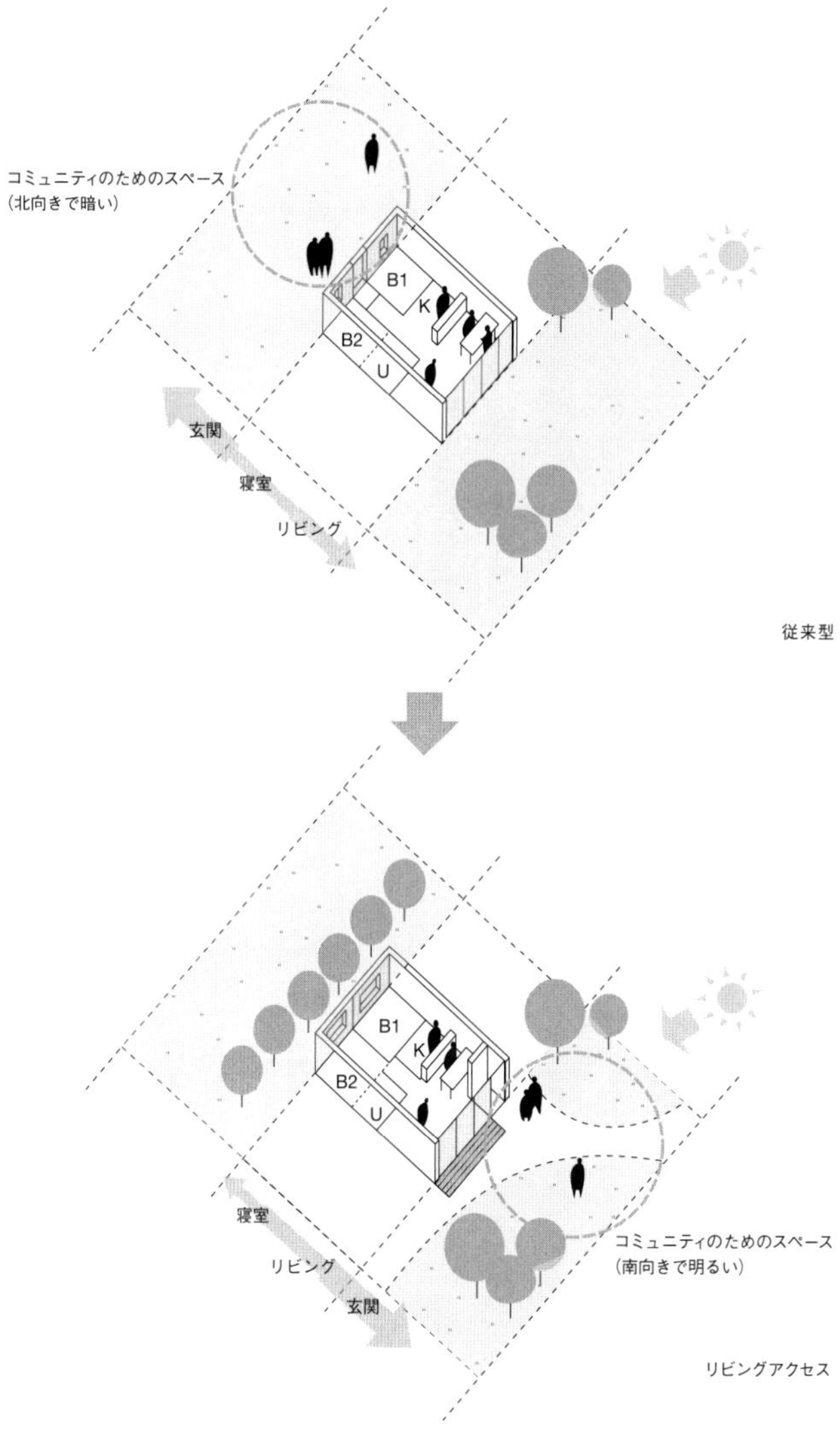

図7-1　リビングアクセスの概念図

が存在する。[注5〜8]

このように既存研究は、外部への染み出しが重要なファクターであること、内外のインターフェイスには、それを支える住居内の空間の秩序が、深く関係していることなどを明らかにしている。その一方こうした、閉鎖傾向の強い住戸ユニットにおける孤独死の発生など、その改善は喫緊の課題ともなっている。そこで、この問題を解決するために考え出された方法のひとつが、リビングアクセス（以下LAと略）だ（図7-1）。居間側に玄関をもってくることで、住居をコミュニティの側に開くこの手法は、南入りの戸建て家屋で採用されていた空間の接続方法を集合住宅用に再編したものである。

この型が日本で本格的に採用されたのは、1978年の「公団葛西（現 葛西クリーンタウン）」が最初とされている（図7-2）。これは、玄関に段差を付けることでリビングの南面性とプライバシーを両立させた優れた計画であったが[注9]、のちに一般化したバリアフリーに対する要求を満足させることが難しく、コストも割高であったことなどから、広く普及することはなかった。

S市営A住宅

こうした状況を勘案し、S市公営住宅課、建築家の阿部仁史らと共働で、従来型とほぼ同等の面積でありながら、リビングアクセスなどを活用して、各戸が独立しながら生活が孤立しないことを目指した集合住宅を設計した。2003年に完成したS市営A住宅である（図7－3、7－4）。[注10、11]

50戸からなる3階建てのこの団地では、多くの住戸が、中庭や共有テラスなど南面のコモンスペースに接続する形式を採用している。南北に並列して並ぶ階段室型住棟を2本の貫通通路で連結することで、各階の階段室が南北に連結し、この貫通通路から各住戸のリビングに直接アクセスするようになっている。断面形状は、上階となるに従って北にセットバックしており、中央のユニットの低層部は駐車場として活用されている。全住戸の約6割が南北に走る貫通通路からアクセスを取ったLAで、間口も比較的広くなっているほか、居室内は間仕切りを極力減らして自由な使い方が可能なように配慮されている。以下、この住宅の居住者の入居前後の生活の変化を見た筆者らの研究をもとに、環境と生活の関係について考えてみたい。[注12]

コミュニケーションの増加

入居後のコミュニティに対する影響を見るために、住民の近所付き合いの変化を見た（図7－5）。この住宅への入居後、家の行き来が頻繁に行われるようになっているほか、立ち話やお裾分けの習慣が20％近く増加するなど、近所付き合いが全体的に増えていることが分かる。

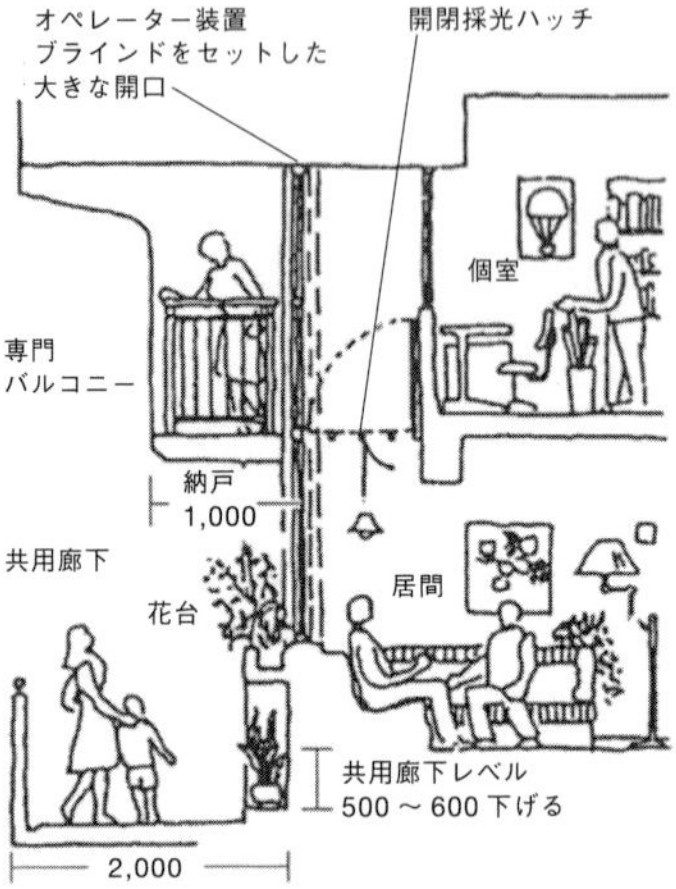
オペレーター装置
ブラインドをセットした
大きな開口
開閉採光ハッチ
個室
専門
バルコニー
納戸
1,000
共用廊下
花台
居間
共用廊下レベル
500～600下げる
2,000
断面図

住戸前の緩衝帯

設計:住宅・都市整備公団東京支社、構造計画研究室　階数:8階　戸数:32戸　完成年:1993年

図7-2　葛西クリーンタウン

図7-3　S市営A住宅外観

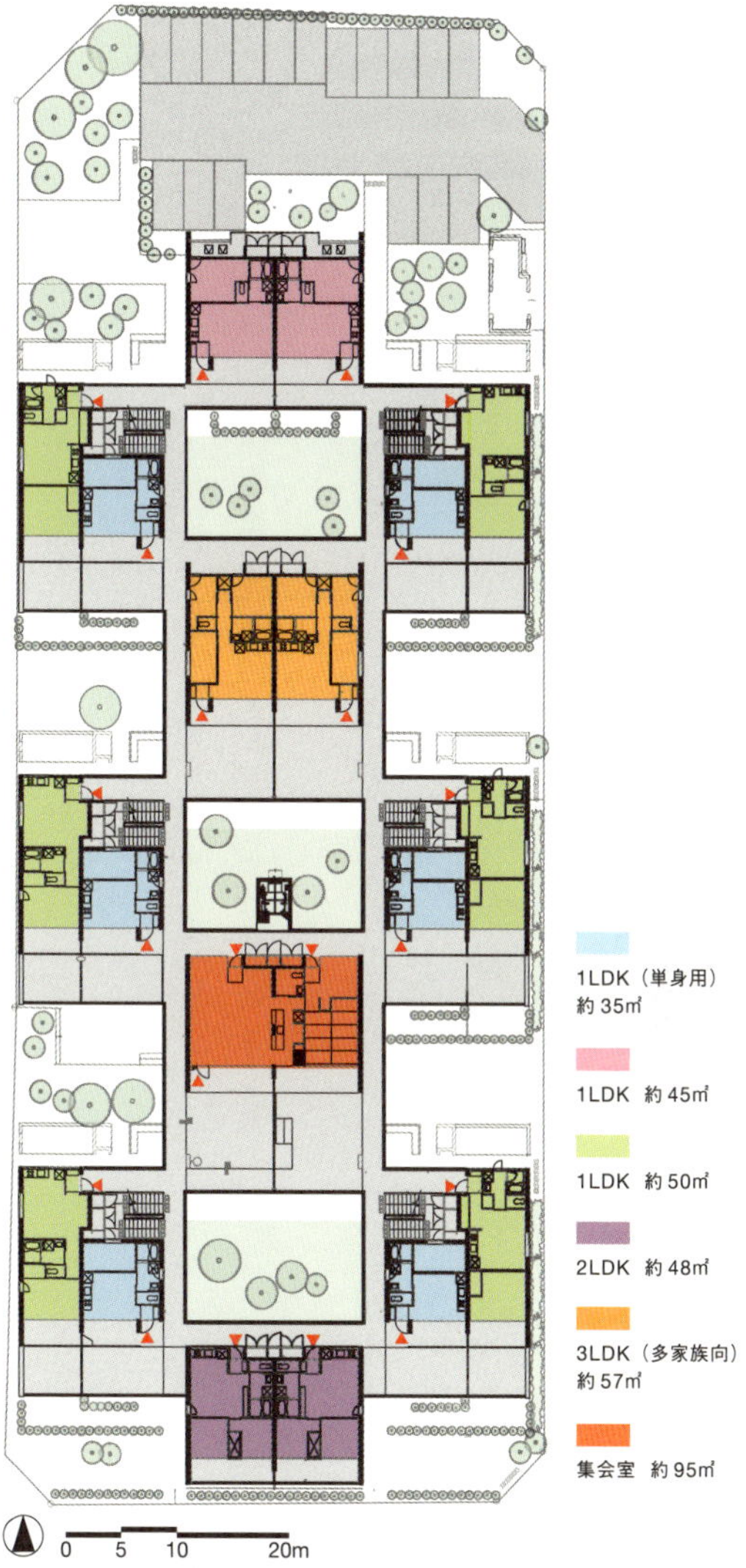
1LDK（単身用）
約 35㎡
1LDK 約 45㎡
1LDK 約 50㎡
2LDK 約 48㎡
3LDK（多家族向）
約 57㎡
集会室 約 95㎡
0
5
10
20m

図7-4 S市営 A住宅平面図

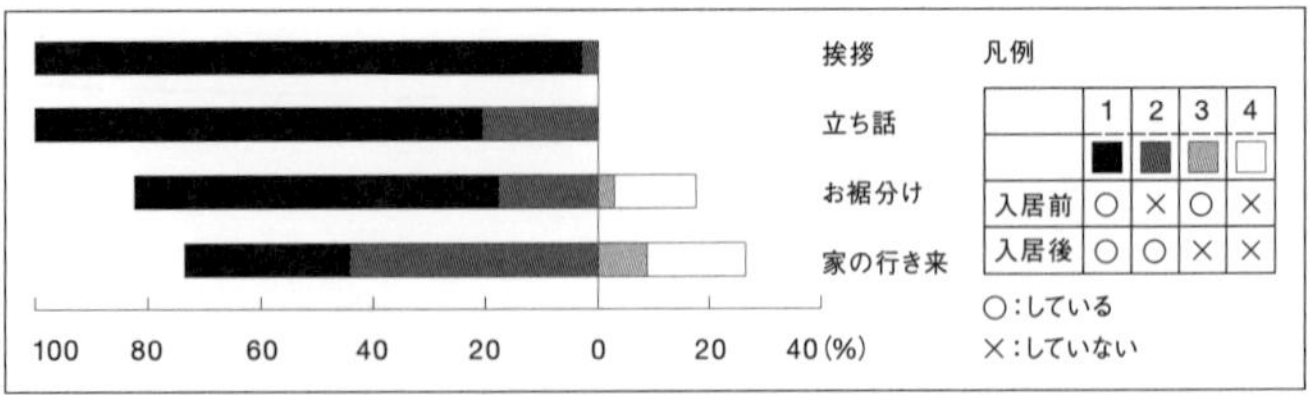

図7-5　S市営A住宅における近所付き合いの変化

こうした変化のパターンは次の6つに大別できる（図7－6）。

①活発交流持続型…入居前後とも近所付き合いが盛んな型
②活発交流変化小型…もともと盛んで家の行き来がさらに増えた型
③活発交流変化大型…前は盛んではなく新たに近所付き合いを始めた型
④限定交流変化大型…立ち話やお裾分けを少しだけ始めた型
⑤限定交流変化無型…家の行き来をあまり行わないまま変化のない型
⑥活発交流取り止め型…家の行き来を止めた型

それぞれの属性を見ると、①はS市が独自に始めた親と子のふたつの世帯を同一団地に優先的に入居させる「親子入居世帯」や公営住宅の仲良しグループ、②は民間集住からの子育て層とワークショップで交流を深めた他の公営住宅からの入居者、③は民間集住等からの転入で、この団地の活発なコミュニティに引っ張られた層である。これらの近所付き合いが増えた①～③に属する家族は全体の71.8％に達している。⑤は全世帯が公営住宅からの転居で、生活を変えたがらない高齢者世帯が多く、⑥は引っ越し

近所付き合いの型	世帯員	家族構成	性別	アクセス	従前住宅	近所付き合いの変化			
						挨拶	立ち話	お裾分け	家の行来
○ ① 活発交流持続型	4	夫婦+子	女	LA	戸建	1	1	1	1
	4	夫婦+子	女	LA	民間	1	1	1	1
	1	単身	女	LA	公営	1	1	1	1
	2	夫婦	男	BA	公営	1	1	1	1
	2	夫婦	女	BA	公営	1	1	1	1
	2	母子	女	BA	公営	1	1	1	1
	1	単身	男	LA	戸建	1	1	1	1
	1	単身	男	LA	民間	1	1	1	1
● ② 活発交流変化小型	4	夫婦+子	女	LA	戸建	1	1	1	2
	3	夫婦+子	女	BA	民間	1	1	1	2
	3	夫婦+子	女	BA	民間	1	1	1	2
	3	母子	女	LA	民間	1	1	1	2
	2	母子	女	BA	公営	1	1	1	2
	2	夫婦	女	BA	公営	1	1	1	2
	1	単身	女	LA	公営	1	1	1	2
	1	単身	女	LA	公営	1	1	1	2
◎ ③ 活発交流変化大型	1	単身	女	LA	戸建	1	2	2	2
	2	夫婦	男	LA	民間	1	2	2	2
	2	夫婦	男	LA	戸建	1	2	2	2
	1	単身	女	LA	民間	1	2	2	2
	2	夫婦+子	女	BA	民間	1	2	4	2
	2	夫婦	男	BA	戸建	1	1	2	2
	2	母子	女	BA	民間	1	1	4	2
▲ ④ 限定交流変化大型	3	夫婦+子	女	BA	民間	2	2	4	4
	2	夫婦	男	BA	戸建	1	2	4	4
	1	単身	女	LA	公営	1	1	2	4
△ ⑤ 限定交流変化無型	1	単身	男	LA	公営	1	1	4	4
	3	夫婦+子	女	LA	公営	1	1	1	4
	2	父子	男	LA	公営	1	1	1	4
× ⑥ 活発交流取り止め型	3	夫婦+子	女	LA	民間	1	1	1	3
	2	夫婦+子	男	BA	民間	1	1	1	3
	1	単身	女	LA	民間	1	1	3	3

凡例
【アクセス】LA：リビングアクセス、BA：北入りアクセス（バックアクセス）
【従前住宅】民間：民間アパート・マンション、公営：公営住宅、戸建：戸建て
【近所付き合いの変化】
1：○○（以前も引っ越し後もする）　2：×○（引っ越し後に開始）
3：○×（引っ越し後に取りやめ）　4：××（以前も引っ越し後もしない）

図7-6　S市営A住宅における近所付き合いの変化のタイプ

で元のコミュニティから切り離されて新しいコミュニティへの積極的参画がためらわれている層で、すべてが民間借家からの転居者となっていた。

また、このような団地内コミュニケーションは、小学生以下の子どもがいる世帯群と自治会の役員や班長を務めている高齢者世帯群の２種類の世帯が全体を牽引しているが、両者の結節点となっているのが、先の親子入居世帯であった。

プライバシーの調整

それでは、リビングアクセスの問題点として考えられているプライバシーについてはどうなのだろう。この集合住宅におけるプライバシーに関する空間調整は、次の４つに類型できた(図７－７)。

Ⅰ型（11・８％）は、居間に接する外部空間を盆栽棚や簾などで干渉空間として設えるもので、１階に居住する住戸にのみ見られる。以前はバルコニーでの孤独な趣味に過ぎなかった庭いじりや盆栽づくりが、引っ越し後に生活の向きが変わることで、近隣とのコミュニケーションを触発する仕掛けに変化するなど、その意味が大きく変容している。外部を積極的に活用するこの型が男性だけなのは、その空間操作の能力によるものと思われる。

Ⅱ型（29・４％）は、カーテンなどで住戸内外の境界をコントロールする最も防御的な世帯で、

視線の調整方法		近所付き合いの型	視線感受意識	アクセス	隣接空間	従前	家族構成	性別	世帯人数
Ⅰ. 緩衝領域構築型 		○	×	LA	通路	廊下	単身	男	1
		△	×	LA	テラス	公営	父子	男	2
Ⅱ. 開口部調整型 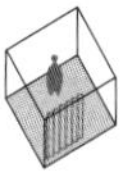		▲	◎	LA	テラス	公営	単身	女	1
		△	◎	LA	中庭	公営	夫婦＋(子)	女	3
		×	○	LA	中庭	廊下	夫婦＋子	女	3
		×	△	LA	テラス	廊下	単身	女	1
		●	×	LA	ヴォイド	公営	単身	女	1
Ⅲ. 内部環境調整型	Ⅲ-1. 可動境界中心型 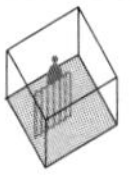	○	×	LA	ヴォイド	公営	単身	女	1
		◎	×	BA	外部	公営	夫婦	女	2
		○	×	BA	ヴォイド	公営	母(子)	女	2
	Ⅲ-2. 固定境界中心型 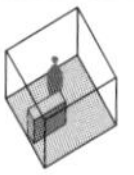	○	◎	LA	中庭	階段	夫婦＋子	女	4
		○	×	LA	外部	戸建	単身	男	1
		×	×	BA	テラス	廊下	夫婦＋子	女	3
		◎	×	BA	外部	廊下	母子	女	2
		●	×	LA	外部	戸建	夫婦	男	2
Ⅳ. 生活対応型 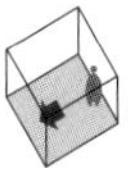		◎	×	LA	外部	廊下	夫婦	男	2
		◎	×	LA	通路	戸建	夫婦＋子	女	4

凡例
【近所付き合いの型】 ○:活発交流持続型、●:活発交流変化小型、◎:活発交流変化大型
▲:限定交流変化大型、△:限定交流変化無型　×:活発交流取り止め型
【視線感受意識】 ◎:気になる　○:たまに気になる　△:あまり気にならない　×:気にならない
【アクセス】 LA：リビングアクセス、BA：北入りアクセス（バックアクセス）
【従前住宅】 廊下：北側廊下集住、階段：階段室型集住、公営：階段室型集住（公営）、戸建：戸建て
【家族構成】 __：親子近居世帯、(子)：就労している子ども

図7-7　S市営A住宅におけるプライバシー意識と空間調整のタイプ（作成：北野央）

Ⅲ型に次いで数が多く、全体の3分の1弱を占めている。LA住居のみで、中庭に面した若年核家族と女性単身世帯が多く、コミュニティに距離を取る人や視線に敏感な女性を中心に構成されている。Ⅲ型（47・1％）は、住居の中の家具の設えなどでプライバシーを調整しているタイプで、約半数を占める。近所付き合いを積極的にしている人の割合が多い。Ⅳ型（11・8％）は、生活の向きを変えるなどで対応し、特段、家具やカーテンなどを用いない世帯で、外から見ると開放的な住まい方として見える。

最も防御的なⅡ型で、近所付き合いが限定的な世帯でも「自分は消極的だけどみんなで仲良く住むことは良いことだ」という意見を述べるなど、共感と非共感の間を揺れ動いていた。実際の活動においても、階段室の掃除などの班活動には参加しており、コミュニティへの参加は、状況により選択的になされている。

このように境界の調整は、見られるのはいやだけど孤独死が心配、子どもを外に出すには良いけどキッチンは丸見えになってしまう、といった揺れ動く感情の中でされたひとつの選択と言うこともできる。プライバシーに関わる操作は、コミュニティ評価、日常生活の組み立て、それらの場所などが絡み合って生成されるもので、単なる視線暴露の有無だけで語るべきではない事象であることが、これからも見て取れる。

生活の質はやはり変わる

図７－８に見られるように引っ越し前の北廊下住居では〈北…玄関↓寝↓居…南〉であった構成が、ＬＡ住居への入居後は〈北…寝↑居↑玄関…南〉となっている。これによって、従前の住戸では中途半端な使われ方しかされてこなかった玄関からすぐの不安定な寝室空間が、住宅の一番奥の安定した部屋となり、玄関近くとなった「居」が他の機能とも連携するなど、生活の内容が変化している。

しかしながら日常生活には強い慣性力が働くので、部屋の大きさやアクセスの向きが変化しても、生活の基本的設えは、変わらないことも多い。そこで、食事、就寝、くつろぎなど基本的な生活行為、ＴＶと座の関係、家族が座る位置などの変化を引っ越し前後で見た。まったく変わらないものを「維持」（40・０％）、全体構成は維持しながら生活行為が少しだけ変わったものを「調整」（26・７％）、基本的な設えが変わったものを「変化」（33・３％）と分類した。全体に占める割合は、「維持」がやはり最も多く、その傾向は高齢者に強い。対照的に間口の広いプランに引っ越した世帯では、すべて「変化」となっている。ライフスタイルは、住戸間口の変化に比較的素直に反応するようだ。「調整」はすべてがＬＡで、新たに必要となったコミュニティ側の境界部との設えに関係するものが目立っている。

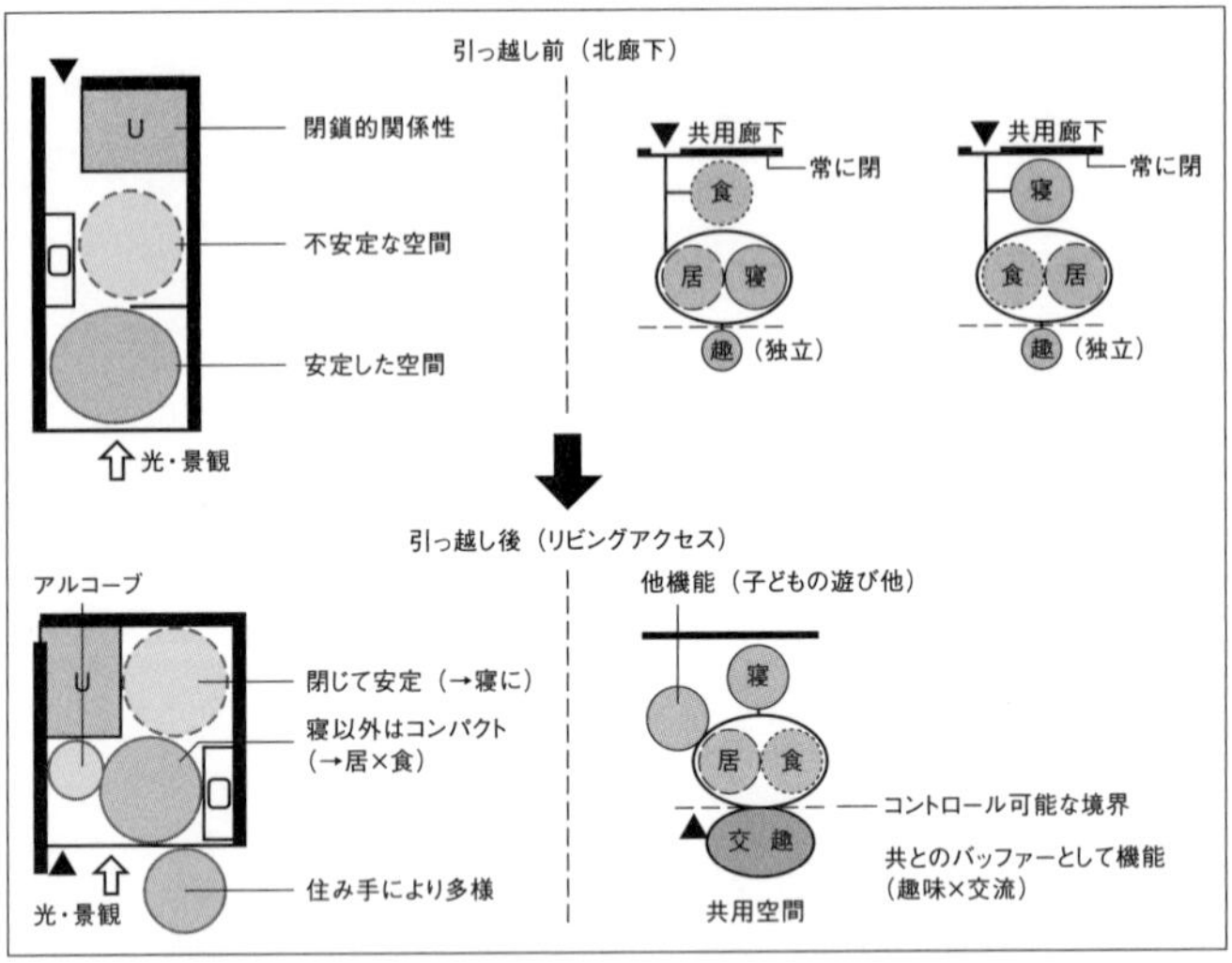

図7-8　S市営A住宅における暮らし方の変化

実際に「維持」「調整」を合わせると6割強で、家族構成や住居構成に大きな変化がなければ、住み替えをしても生活はそう大きく変化しない。しかし「調整」のすべてがLAであることを考えると、〈生活の向きの変化→境界条件の変化→「調整」〉というメカニズムが存在しているように思われる。また、盆栽いじりなど、内外の境界の調整がプライバシー確保だけでなくコミュニケーション契機として機能している、夫のダイニングでの寂しい個食が解消された、高齢の妻が外部と関わりをもつようになったなど、生活改善につながった事例も散見される。

プライバシー概念の再考

環境学者のアルトマンは、プライバシーには

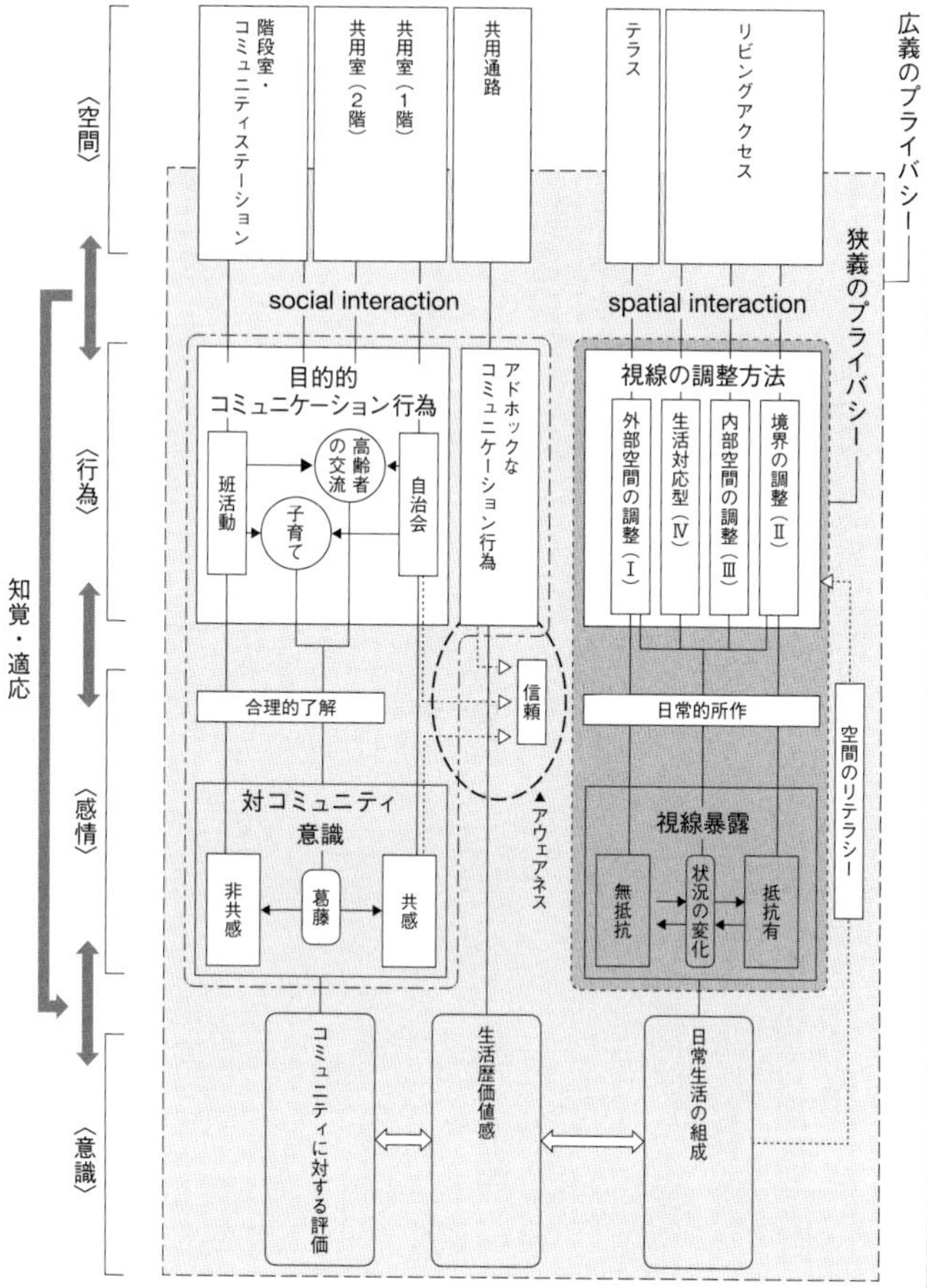

図7-9　S市営A住宅におけるプライバシーの構造

次の3つの側面があると述べている。[注13]

①A Dynamic Dialectic Process…個と共の間の弁証法的相互作用

②An Optimization Process…最適化プロセス

③A Multi-mechanism Process…境界をコントロールするプロセス

この団地のコミュニティを先導する人たちは表面上はプライバシーを気にしていない一方で、単身女性世帯などが強く気にするのは、①に関係する事象であるし、カーテンや家具で境界を調整するⅡ型の振る舞いは③に関係する。その時々で状況を作り上げているⅠ型やⅣ型の事例は②に該当する創造的行為といえる。プライバシーとは、見る・見られるといった単純な関係ではなく、その操作に関わることで環境全体に参加する能動的な概念のようである。

インタビューでは、「子どもが遊ぶ声が聞こえるのは良い」、「自分は参加していないけど集会室でイベントをやっていたのを知っている」など、個々の活動を通じて、居住者が他者の行動をある程度勘案し得る雰囲気、すなわち「アウェアネス（気づき）」が団地全体に醸成されていることが確認できた。このように全体の状況を見ると「感情」、「意識」、「行為」、「空間」などが相互に連関し、重層的な状況が出来上がっているようである（図7-9）。かつて、社会学者のルーマンは「信頼」による社会関係の複雑性の縮減の効果を述べたが[注14]、ここで起こっていることは、信頼を介して、環境自体が受容／創出されている状況ともいえる。良い空間とは、こうした人間関係を成立させる諸力が立ち上がるきっかけに満ちた環境といえるかもしれない。

１ 小林秀樹・鈴木成文、「集合住宅における共有領域の形成に関する研究―その１・２」、『日本建築学会論文報告集』No.３０７、１９８１、１０２〜１１１ページ、No.３１９、１９８２、１２１〜１３１ページ
２ 小林秀樹、『集住のなわばり学』、彰国社、１９９２
３ 古賀紀江・高橋鷹志、「一人暮らしの高齢者の常座をめぐる考察―高齢者の住居における居場所に関する研究 その1」、『日本建築学会計画系論文集』No.４９４、１９９７、97〜１０４ページ
４ 橘弘志・高橋鷹志、「一人暮らし高齢者の生活における住戸内外の関わりに関する考察」、『日本建築学会計画系論文集』No.５１５、１９９９、１１３〜１１９ページ
５ 井上由起子・小滝一正・大原一興、「在宅サービスを活用する高齢者のすまいに関する考察」、『日本建築学会計画系論文集』No.５５６、２００２、１３７〜１４３ページ
６ 吉田哲・宗本順三、「近隣とのつきあいと視線によるプライバシーの被害意識の関係―転居地毎の居住経験のインタビュー」、『日本建築学会計画系論文集』No.５４２、２００１、１１３〜１１９ページ
７ 栗原嘉一郎・多胡進・藤田昌美・大藪寿一、「集団住宅地における配置形式と近隣関係」、『日本建築学会論文報告集』No.69―２、１９６１、３６９〜３７２ページ
８ 青木義次・湯浅義晴・大佛俊泰、「あふれ出しの社会心理学的効果―路地空間へのあふれ出し調査からみた計画概念の仮説と検証 その2」、『日本建築学会計画系論文集』No.４５７、１９９４、１２５〜１３２ページ
９ 友田博道、「高層住宅リビングアクセス手法に関する領域的考察―住居集合における開放性に関する領域的研究・2」、『日本建築学会計画系論文報告集』No.３７４、１９８７、61〜70ページ
１０ 住宅総合研究財団、『すまいろん』２００８年冬号（第85号）、「特集＝21世紀型の公営住宅デザイン」、２００８

11 Y. Onoda, M. Kanno, T. Sakaguchi, "New Alternatives for Public Housing in Japan", *EDRA*, 36, The Environmental Design Research Association (EDRA), Vancouver, 2005, pp.61-67

12 本章で紹介した研究は、北野央、河村葵、坂口大洋、菅野實と共同で行ったものである。
小野田泰明・北野央・菅野實・坂口大洋、「コミュニティ指向の集合住宅の住み替えによる生活変容とプライバシー意識」、『日本建築学会計画系論文集』No.642、2009、1699～1705ページ

13 Irwin Altman, "Privacy Regulation: Culturally Universal or Culturally Specific?", *Journal of Social Issues*, 33-3, John Wiley & Sons, New York, 1977, pp.66-84

14 Niklas Luhmann, *Vertrauen: Ein mechanismus der reduktion sozialer komplexität*, F. Enke, Stuttgart, 1968／ニクラス・ルーマン著、大庭健・正村俊之訳、『信頼―社会的な複雑性の縮減メカニズム―』、勁草書房、1990

第８章　良い空間の裏側には、ちゃんとした運営が存在する。

行為・機能・空間そして運営

空間には、そこに生き生きとした行為が投げ込まれることで成立するユニークな性質があることはこれまでに述べてきた。このような行為が、建築の中で実際に展開されるためには、利用者の側に、あるリテラシーが共有されていることが望ましいが、それと同時に、運営側が、空間を適切な状態に保っていることが必要とされる。アクティビティ・システムにおいては、利用者がスムーズにプログラムについていけるようにプログラムと空間がシンクロしていること、ビヘイビア・セッティングについては、デリケートな性質をもつ自発的な行為が適切に立ち上がるように、空間が丁寧に手入れされていること、などがそれぞれ求められるのであり、運営者のマネジメント能力とそこにおける利用者の行為の質とは表裏一体ともいえる。これは、3章で触れたように、マネージャーと建築家は「空間」という概念を共有する職能であることともつながっている。まさに、建築計画者の仕事は、建築家とマネージャーの間を橋渡しする作業でもあるのだ。

本来であれば計画時からハードの構成と運営の仕組みの両者を同時に設計する体制が取れることが望ましいのだが、現在の日本においてそうした状況が用意されることはそう多くない。①両者は異なる職能がそれぞれ別の論理で動かしていること、②建築の検討と運営の検討にはタイムラグがあること、③こういった仕組みはシャドーワークとして沈潜しているためなかなか表に出て議論

外観

外部デッキ

図8-1　せんだい演劇工房10box

しにくいこと、といった壁に阻まれているのである。そこで本章では、筆者が、狭議の建築計画者の職能から若干逸脱して、実際の運営システムにプロジェクトマネージャーとして参画することができたふたつの文化施設の事例をもとに、運営と計画の関係について考えてみたい。

せんだい演劇工房10box

最初に、小さな施設ではあるが、草の根的にワークショップを重ねていくことで、優れた運営の仕組みを構築することができたケースを紹介したい。

仙台市街の東端、卸町団地内に位置するこの施設は、2002年6月にオープンした新築部分600㎡、改築部分400㎡足らずの市民のための演劇創作空間である（図8-1）。[注1] 基本計画は東北大学建築計画研究室、設計は八重樫直人＋ノルムナルオフィス、運営は仙台市文化振興事業団である。小さいながら我が国でも最も成功している演劇練習施設のひとつとして評価されているこの施設では、利用が想定される演劇関係者、その運営を担うであろう民間の協力者、そして長年にわたって民間の演劇創造を支援してきた財団の担当者や市の関係者らが、構想の初期の段階から、活発なコミュニケーションを積み重ねながら計画に関わってきた。すなわち、現在評価されている先駆的な運営は、こうした使い手を巻き込んだ計画プロセスによって獲得されてきたものだとい

①2001年1月30日 第1回ワークショップ
「この場所で何が可能か―― 600㎡を実感する」

まず、予算規模から計画の上限と考えられていた600㎡を実際の敷地（当時はテニスコート）の上に実寸で再現して、その実際の大きさを実感してもらう。この限られた面積で何が出来るのか。各々の感覚で深く考える。

既存施設などのベンチマークと比較しながら、この場所にはどのような空間が望ましいのかについて自由に議論した。

②2001年2月3日 第2回ワークショップ
「稽古空間のヴォリュームを考える」
勤労青少年ホームの体育館の中に、実際にさまざまなヴォリュームの空間を縄張りしながら、稽古の各段階で必要となる稽古空間の広さや高さについて、検討した。

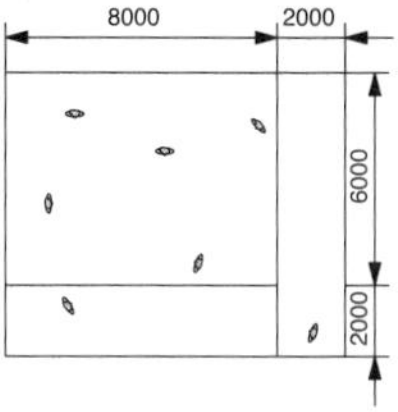

③2001年2月28日 第3回ワークショップ
「実際の作業を検証しよう」

作業場の大きさを前回同様、実寸で縄張りする。行われる行為やその繋がりに問題がないか、実際に平台や作業道具を置いてみて、各部に必要な大きさや外部の接続などについて検討した。

「大練習室の可能性を考える」

既存棟内の約200㎡の大練習室の使いこなし方を議論し、この空間の改修の方向を検討した。

④2001年3月15日 第4回ワークショップ
「もう一度、全体について考えよう」
①から③のワークショップにおける議論で提案された意見やアイデアを、再度全体のディスカッションの中で確認し、各空間ならびに計画全体について再検討した。
本当に質の高い演劇のためには何が最も優先されるべきかが真剣に議論された。

図8-2　せんだい演劇工房10box計画のワークショップの流れ
（この間にも適宜、小規模な打ち合わせが行われている）

える。

（1）条件の確認

しかし、全体的に見ると本事業の出発点は、次に示すように通常とは異なるものであった。

①廃止施設の再活用…この事業のきっかけは、制度改訂で廃止された仙台市卸町勤労青少年ホームの建物と敷地の活用方法の検討であった。つまり、新築ではなく既存施設の機能変更として始まっている。それ故、事業財源は通常の新設に比べかなり限定されていた。

②公共財としての演劇供給拠点…主要機能が演劇創作拠点と定められた背景には、当時仙台市が15年以上にわたって行ってきた演劇事業の蓄積があった。地域発の演劇文化の確立を目指して真摯に展開されてきた先行事例を通じて、施設計画時すでに多くの演劇人・行政人・市民（そして研究者）から成るネットワークが構築されており、そこでは演劇創作に関する高い意識が共有されていた。

つまり、プロジェクトは超低予算、高目標というとんでもない所からスタートしたのであり、計画のプロセスは、こうしたギャップを埋めるため、関係者が創造的に関わり続ける過程でもあった。

（2）運営の検討

不特定多数を対象とする公共施設であるにもかかわらず、「質の高い演劇を作り出す拠点」といった、絞り込んだ高い目標設定ができたのは、前述のように先行する事業によって、自覚をもってこの空間を使用しようとする人びとがすでに顕在化していたこと、さらには、それを中核に事業を進めることに対して社会的コンセンサスが取れていたことが影響している。時間が限られていたこともあって計画の策定は、従来型の委員会方式ではなく、演劇人や関係者とのワークショップと建築計画研究室による迅速なフィードバックという実践的な手法が用いられている（図8－2）。これにより、コアメンバーが共有するミッション「優れた作品がそこから生み出され、市民が仙台発の魅力ある演劇を享受できること」が、シビアに討議され、その可能性が個別に確認されていった。

もちろん、演劇の質を上げるという目標のためには、演劇が具体的にどのように生み出されるかを理解していなければならない。幸い研究室では、仙台市の文化創造活動と空間の関係について継続的な調査を行っており、演劇創作に関する知見が蓄積されていた（図8－3）。注2 それらを活用することによって、稽古場の長期占有の担保、適切な規模の試演空間、そして「ショップ」と呼ばれる工房の併設、演劇アーカイブ、アクティブな事務局による運営、などの必要な与件を整理することが可能となった（図8－4）。

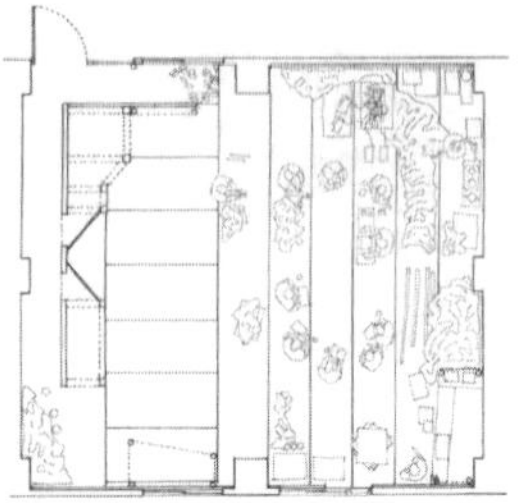

立ち稽古

本読みから徐々に稽古が構造化されていく。演出家の席が重要。空間の感覚をつかみやすいなど、公演場所での稽古のメリットは大きい。

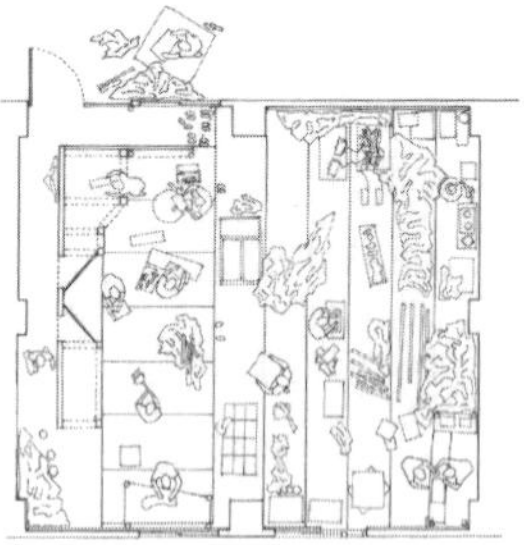

製作

空間全体が作業場となってしまう。劇の質を決める重要な工程だが、通し稽古などとの兼ね合いが難しい。

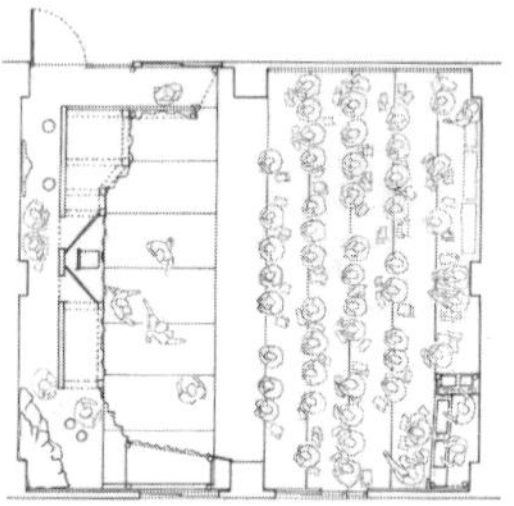

公演

ステージまわりの空間はもとより、客席の余裕や客入れから公演までの流れ、照明、音響空間の確保など空間としての課題は多い。

打ち上げ

劇団員の活力の源であり、観客との貴重な交流の場。加えて、重要な劇評の空間でもある。

図8-3　ある演劇製作の現場

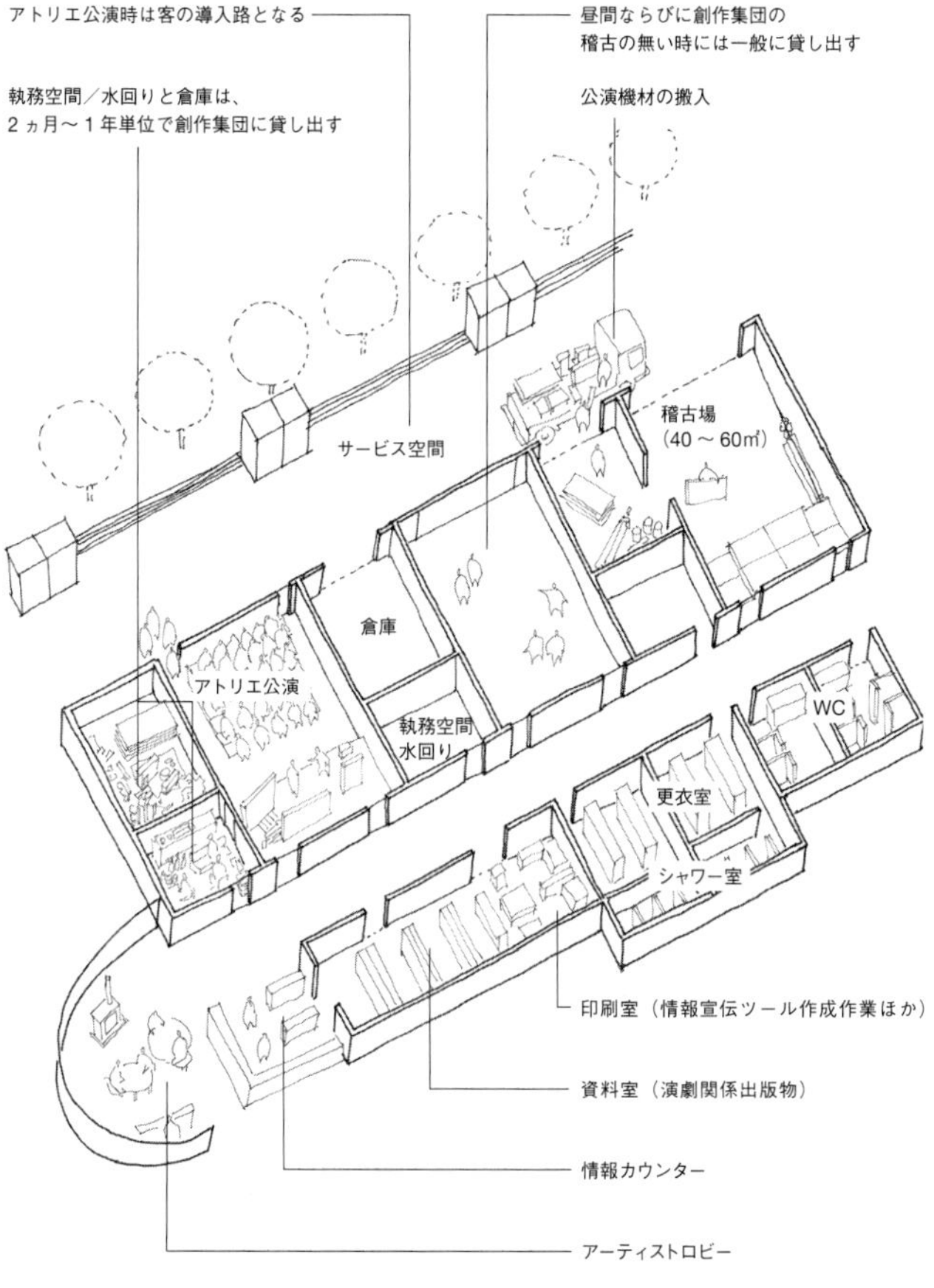

アトリエ公演時は客の導入路となる
執務空間／水回りと倉庫は、
２ヵ月～１年単位で創作集団に貸し出す
昼間ならびに創作集団の
稽古の無い時には一般に貸し出す
公演機材の搬入
サービス空間
稽古場
(40～60㎡)
倉庫
アトリエ公演
執務空間
水回り
WC
更衣室
シャワー室
印刷室（情報宣伝ツール作成作業ほか）
資料室（演劇関係出版物）
情報カウンター
アーティストロビー

図8-4 演劇創造施設モデル

（3）各機能の整理

立ち稽古をフォローするために、各段階で必要となる複数の練習室を整備することとなるのだが、それぞれの練習室の必要高さ、基本的な縦横の長さなどは、過去の調査によるディメンションを元に、演劇人と実寸の空間実験を繰り返して設定した。さらには、これらの部屋のマネジメントについては、この時期すでに24時間オープンなど優れた運営を行っていた金沢芸術創造館をベンチマークとしてデータ収集を行い、必要となる事項の調整を行った。この手の施設としては初めてとなる本格的な製作工房についても、その設備や想定される運営方法などを劇団への聞き取りなどから整理していった。このように、本事業においては、具体的なケースをもとに設計者と運営予定者そして関係者の間で事前に各施設機能を詳細に調整することができた。

このような丁寧なプロセスの中で、冒頭の矛盾（低予算・高目標）をどう乗り越えるか、言い換えれば理想と現実の間の具体的な距離が理解され、その架橋には通常の方法だけでは追いつかないことが了解されていく。この建物が、公共施設でありながら廊下を取り止め、初期にはエアコンなどの設備もないというラディカルな枠組みで実現しているのは、そういった理由からである。

一方で、廊下をなくすことによって、この施設の重要な機能のひとつである劇団間の交流機会が失われることが懸念された。そこで、空間の中央に屋外広場を設けるとともに、その場所で人びとが自然と集い交流する行為が日常的に喚起されるように、その仕上げに十分な配慮を行うこととし

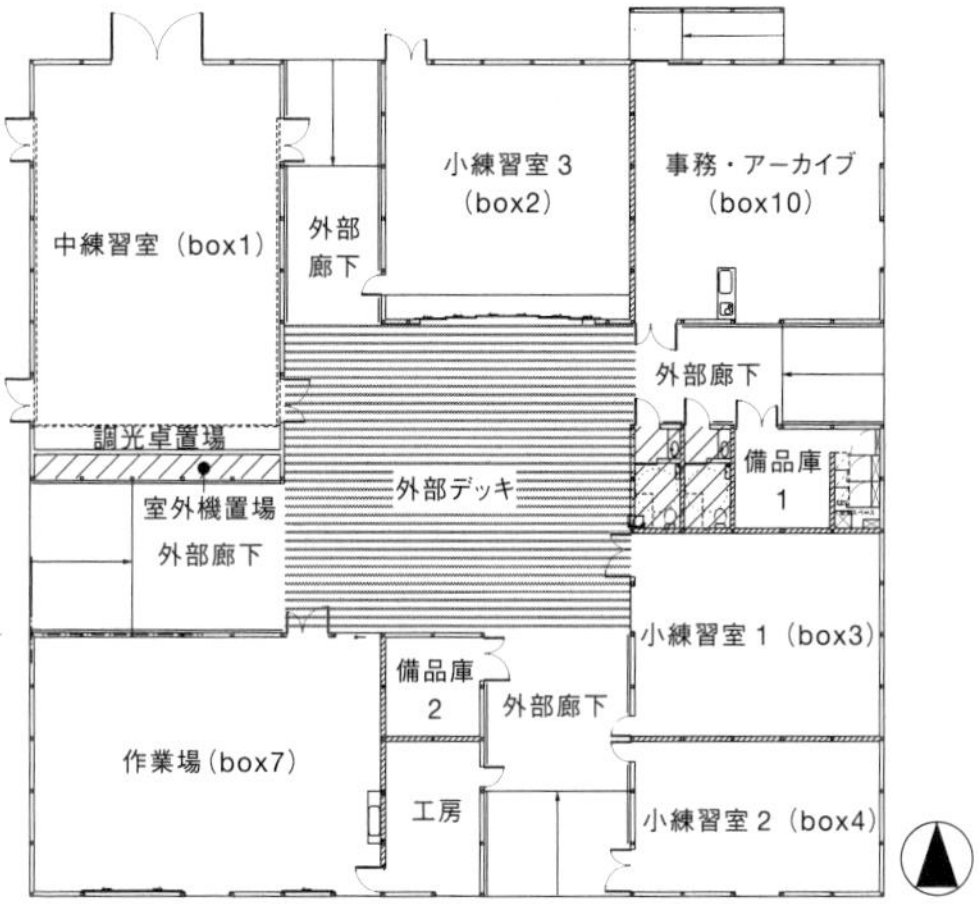

図8-5　せんだい演劇工房10box平面図

た。具体的には木製のデッキを設置したのだが（図8－5）、この判断は前述の厳しい予算の中で行うには難しいものであり、結果、空調は後回しとなって、最初の夏は利用者にひどい思いをさせることとなる。しかしながら、開館後のデッキの評判は上々で、現在も打ち上げや交流会などに活発に利用されている。

（4）運営システム

（2）で検討したリストをもとに市の担当部局である文化振興課が、財政課と粘り強く調整し、大枠を作り上げていった。具体的には長期占有が可能な200席程度のホールを試演場として位置付けるとともに、従来支援が乏しかったふたつのセイサク〈制作（事務室）、製作（工房）〉の運営スタッフを雇用する方向性が固まった。設計検討時には、設計側がユーザーや運営予定者を巻き込んだのだが、運営検討時には、設計側が巻き込まれる形となり、相方向のコラボレーションが実現している。地元の演劇人連合体に委託する形式で始まった運営であるが、のちに、それらを持続可能なものとするために、コンセプトは維持しながら市文化振興事業団による下支えが加えられ、現在に至っている。

東北大学百周年記念会館萩ホール

前節のような草の根的展開は理想だが、一般には、上からのマネジメントをどのように実際の施設の計画に反映させていくかが問われることが多い。本節では、大学の記念建築事業で実際の運用に踏み込みながら計画を進めた事例を見ながら、事前に運営について考えることの意味を考えたい。

(1) ミッションの確認

2007年に100周年を迎えるにあたって東北大学は、その節目に記念建物を整備する計画を考えていた。そこで白羽の矢が立ったのが、老朽化で使用頻度が著しく落ちている東北大学50周年記念会館、「東北大学川内記念講堂及び松下会館」(1960年竣工) をリノベーションする計画であり、筆者もこの段階で、専門家として招集された。

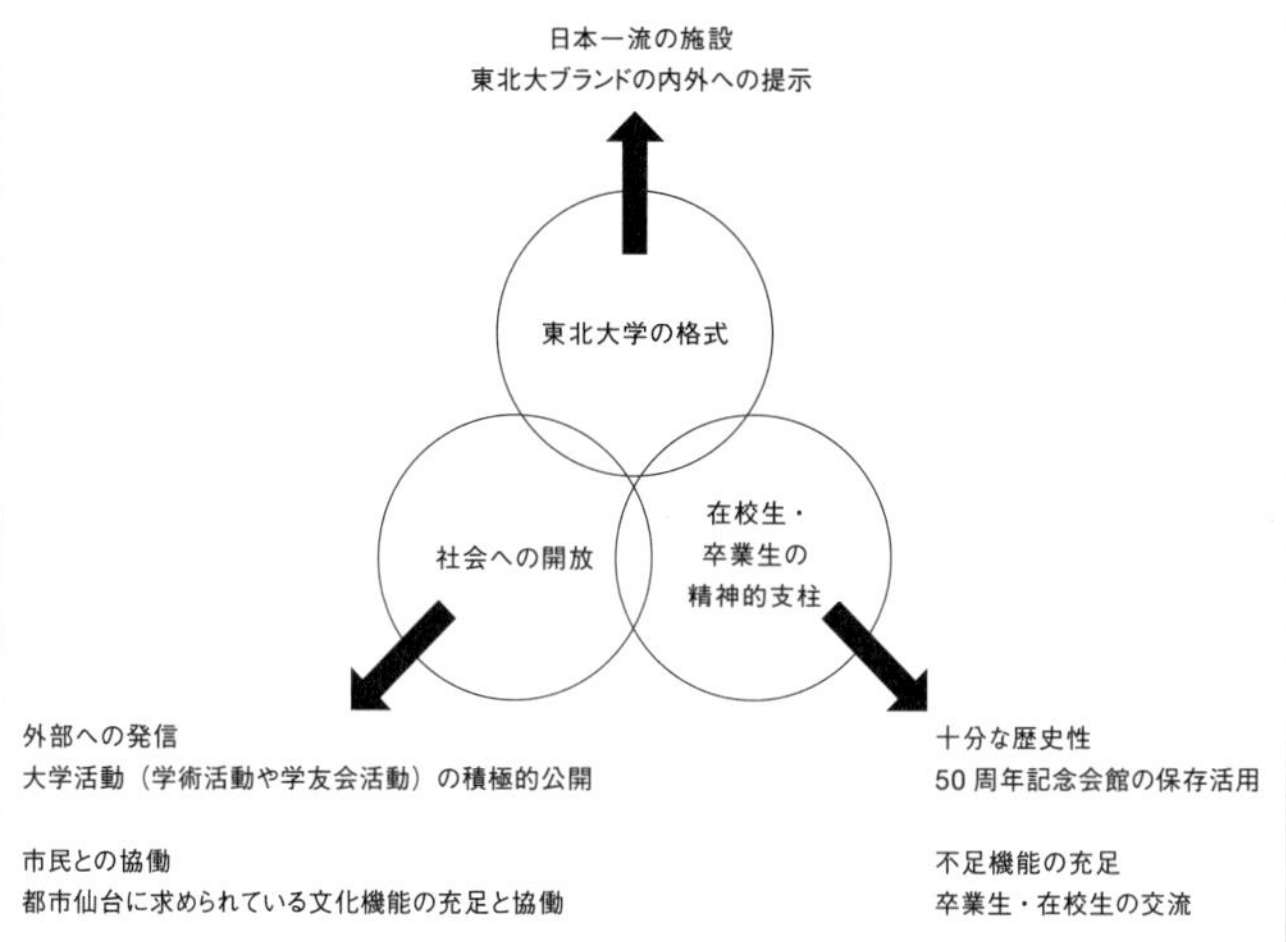
日本一流の施設
東北大ブランドの内外への提示
東北大学の格式
社会への開放
在校生・
卒業生の
精神的支柱
外部への発信
大学活動（学術活動や学友会活動）の積極的公開
市民との協働
都市仙台に求められている文化機能の充足と協働
十分な歴史性
50周年記念会館の保存活用
不足機能の充足
卒業生・在校生の交流
図8-6　プロジェクトのミッション

参画後、計画者としてまず行ったのが、事業のミッションの整理であった。関係者からの聞き取りを進めながら、計画において重要なポイントを、東北大学の格式、同窓会員の拠り所、市民に対して開かれた施設、といった3つにまとめた（図8-6）。9章で後述するように、最初にゴールを設定したのである。

(2) 前提条件（法的制限）の整理

既存建物の改修という事業の性格からまず問題になったのが、既存法との調整であった。このうち特に重要なのが、建築基準法、文化財保護法、興行場法の3つである。建築基準法については、現行法規の全面的遡及を免れない増床は行わないが、ホールの内容などについてはできる限り現代のニーズに合わせたものに作り替える。建物の敷

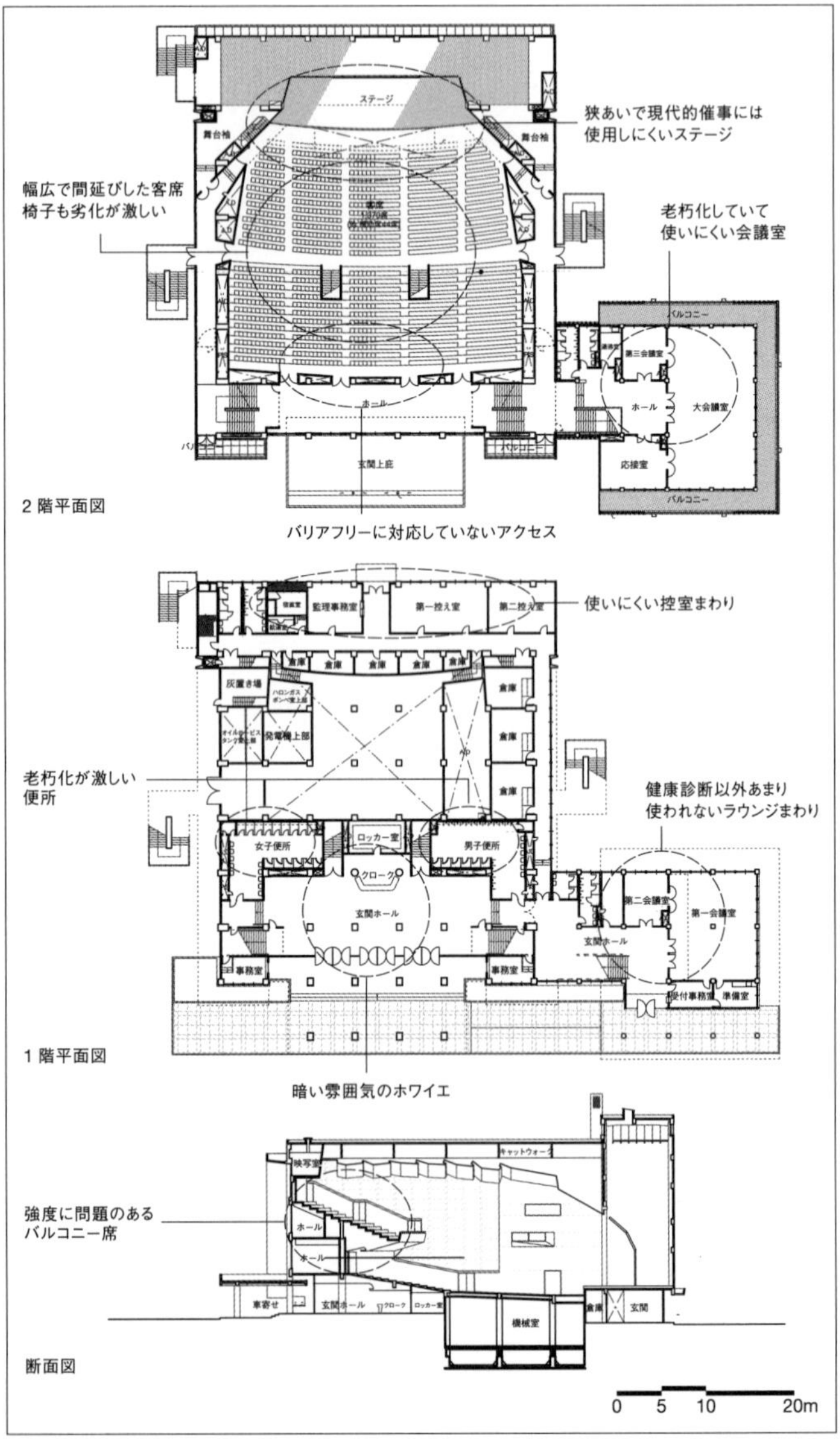

図8-7　東北大学百周年記念会館萩ホール（改修前）

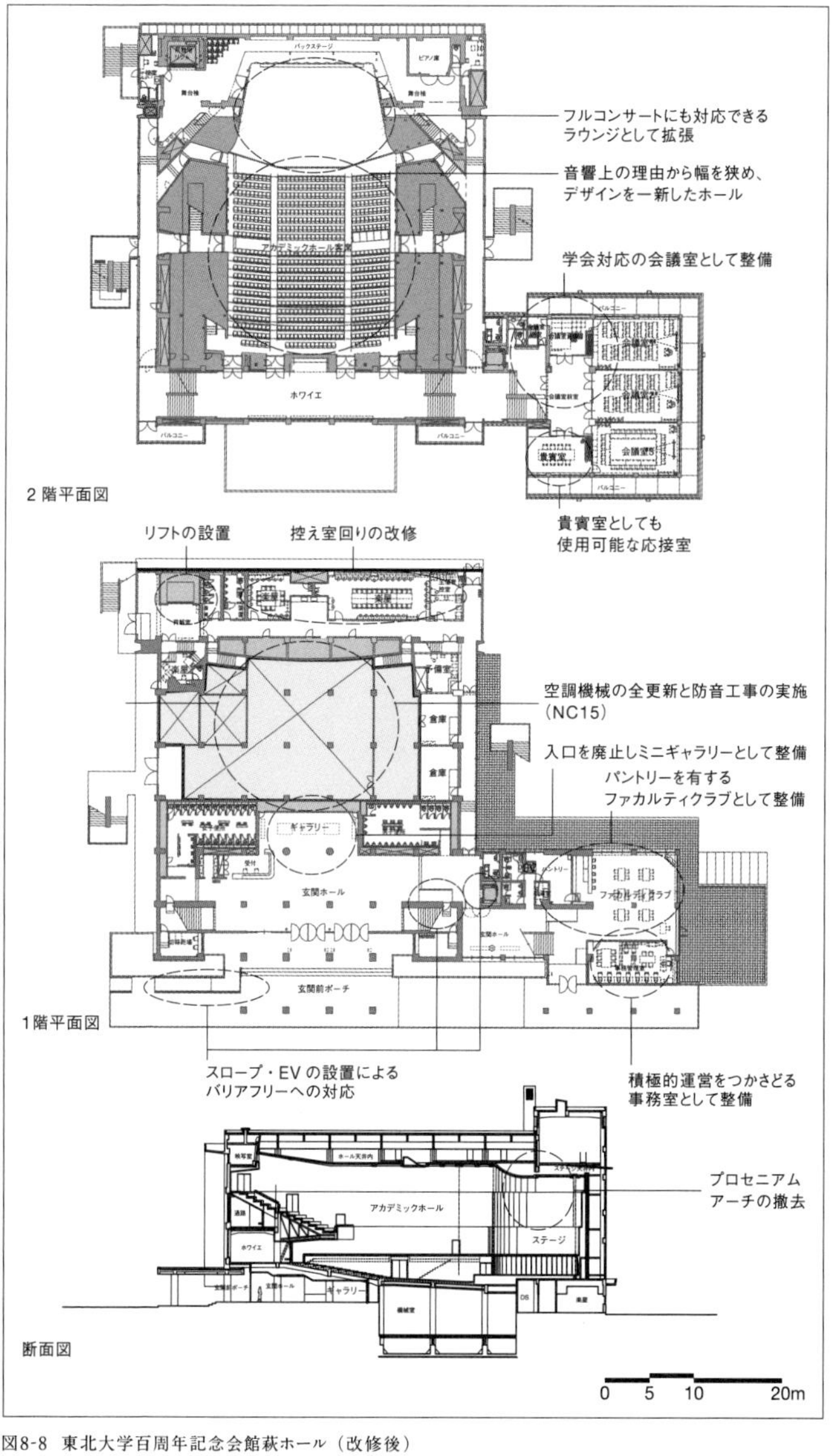

図8-8　東北大学百周年記念会館萩ホール（改修後）

地は一等級の埋蔵文化財包蔵地となっているため、別棟建設は、文化財保護法に関わる協議を招き、時間的リスクとなるので考慮しない、対照的に興行場法については、独法化後の大学にふさわしい攻めの展開を図るため、用途変更を目指す、といったメリハリのある方向を取ることとした。特に興行場法は、外部の主体による貸館が制限される「大学講堂」であった既存用途を、「興行場法該当施設」に変更して運営の幅を広げることが必須と考え、市との厳しい協議を経て、その許可を取り付けた。大学の公共性に配慮した演目内容とそれをコントロールする仕組みを作るといった条件付きではあるが自由な貸館が可能となったのである。これにより、運営にかかる経費の一部を回収するとともに、市民の活動と大学の活動を共存させることが射程に入ってくる。

（3）コンセプトの整理

これら法令運用の精査と並行して行ったのが、博物館、会議場、劇場系ホール、コンサート系ホール等、検討の俎上に載った機能の検討だ。これらの作業は、耐震改修の概算要求が認められ、数ヵ月後に迫った耐震改修事業の公示前に、大枠を確定させなければならないという、まさに追いかけっこの状態の中で続けられた。まず、前提条件の精査で明らかになった増床や増築の困難性、既存躯体との相性などから、当初検討されていた博物館ではなく、ホール系機能を存続させることを決定した。さらに、集会系、劇場系、コンサート系、さまざまな選択肢が存在するホール系の機能を、仙台や東京のマーケットを分析しながら、ミッションである大学の格式に合致し、貸館市場も成熟しているコンサートホール系に絞り込んだ。また、改修の技術的側面からも、老朽化した舞台機構を再生するには既存躯体の負荷が大きいこと、構造が耐えられたとしても設備の新設・更新には大きなコストが予想されること、現状のステージまわりは圧倒的に手狭であることなどから、思い切ってプロセニアムを捨ててステージを広げ、会議場の機能をもつコンサート系ホールを目指した方が合理的なことが分かってくる（図8-7、8-8）。

一方、残響時間の長いコンサートホールと明瞭な音場条件が求められる会議場との間には、要求されるスペックに大きな開きがある。このギャップを技術的に埋め得る方策が具体的に見えなければ、企画は絵に描いた餅となってしまう。幸いにして、東北大学には音響学の第一人者、鈴木陽一教授がおられたので、氏の参画を請うて、それを共存させる方法を技術的に確保することとした。

（4）改修のプロジェクトマネージメント

この建物は大学が運用する施設であるが、100周年事業との関係から発注は東北大学の研究・教育活動を支援する財団法人東北大学研究教育振興財団（当時）が行い、建設後、大学に寄付する形式が取られていた。本プロジェクトのため財団内に設立された建設委員会メンバーは、厳しい予算の中で成立させるために、企業から貴重な物品寄付を募って計画をサポートするとともに、われわれ設計

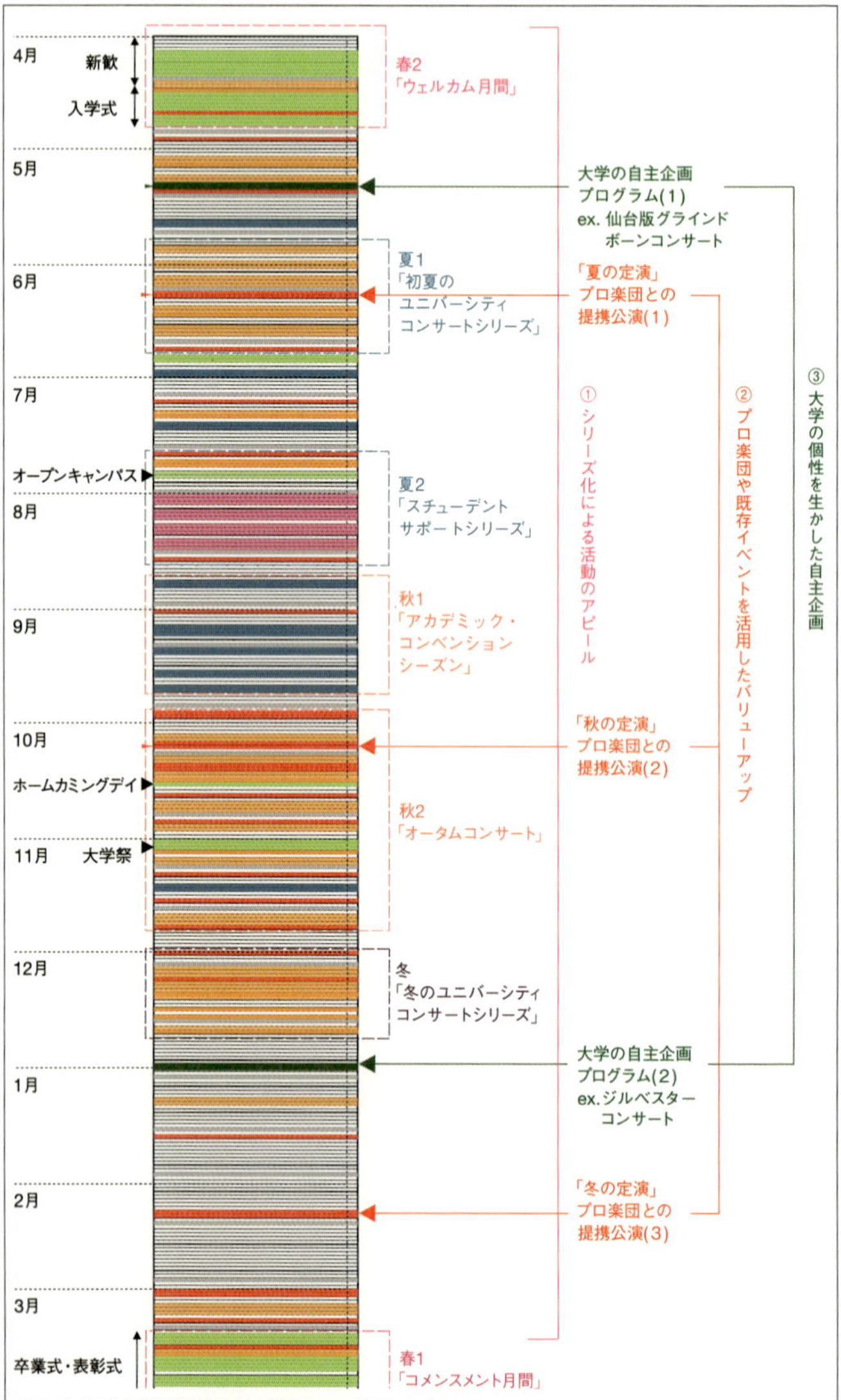
4月
新歓
入学式
春2
「ウェルカム月間」
5月
大学の自主企画
プログラム(1)
ex. 仙台版グラインド
ボーンコンサート
夏1
「初夏の
ユニバーシティ
コンサートシリーズ」
6月
「夏の定演」
プロ楽団との
提携公演(1)
7月
①シリーズ化による活動のアピール
②プロ楽団や既存イベントを活用したバリューアップ
③大学の個性を生かした自主企画
オープンキャンパス
夏2
「スチューデント
サポートシリーズ」
8月
秋1
「アカデミック・
コンベンション
シーズン」
9月
「秋の定演」
プロ楽団との
提携公演(2)
10月
ホームカミングデイ
秋2
「オータムコンサート」
11月
大学祭
12月
冬
「冬のユニバーシティ
コンサートシリーズ」
大学の自主企画
プログラム(2)
ex. ジルベスター
コンサート
1月
2月
「冬の定演」
プロ楽団との
提携公演(3)
3月
卒業式・表彰式
春1
「コメンスメント月間」

図8-9　東北大学百周年記念会館萩ホール想定スケジュール

	現状	想定
学内団体の練習・公演	施設料免除(0) +附帯料(約5万)=計5万	施設料免除+附帯設備料(5万) +空調(3万)=8万
学外ユーザーの公演	施設料(約3万) +附帯料(約15万) =計18万	施設使用料(25万)+附帯設備料(15万) +空調他(3万)=43万 *市内の同等ホールの1日(土日全日使用)の施設料、附帯設備使用料を想定。
学会・コンベンション		施設使用料(8万円)+附帯設備料(12万) +空調他(3万)=23万

参考：K会館（使用料38万+附帯料約20万）　S会館（使用料34万+附帯料約18万）
SB会館（使用料20万+附帯料約15万）

▼

	想定使用日数	想定使用料収入
学内行事(うち施設自主企画)	8件(32日)	
学内団体の練習等(うち公演)	16件(60日(うち公演9日))	8万×60日
学外ユーザーの公演	25件(30日(うち公演25日))	43万×27.5日
小・中・高の練習支援(空調料金のみ)	4件(12日)	3万×12日
学会・コンベンション	10件(20日)	23万×20日
定期点検	25日	
	計167日	

図8-10　東北大学百周年記念会館萩ホール収入想定

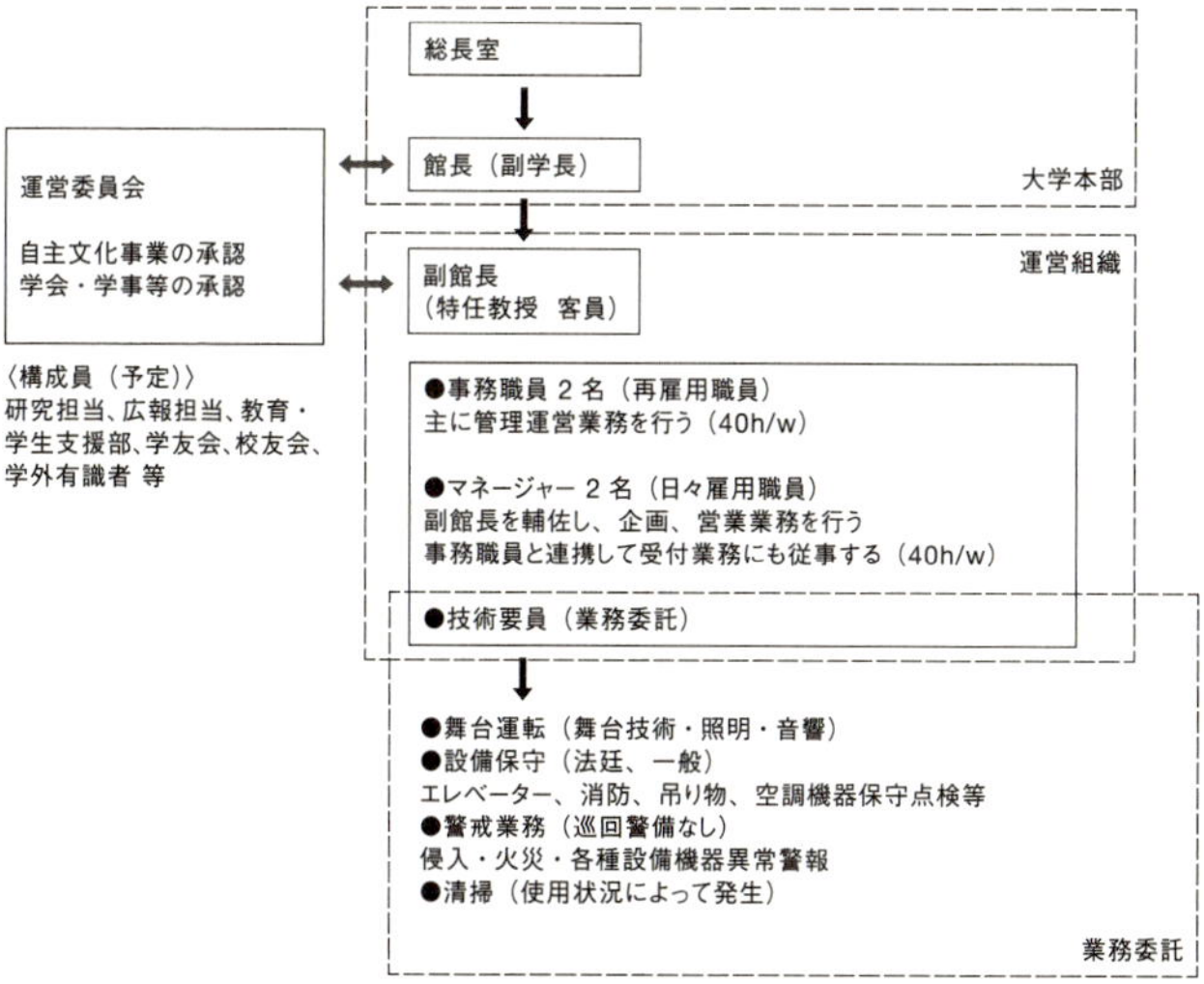

図8-11　東北大学百周年記念会館萩ホール運営体制想定図

チームと膝詰めでVE（Value Engineering）の可能性について精査を続けた。その結果、本事業は5000㎡強という延べ床面積と大学のシンボル施設という高いグレードに比べると破格なコストで実現している。これには、この財団建設委員会、われわれ設計チーム（阿部仁史、小野田泰明、阿部仁史アトリエ、三菱地所設計）と大学施設部、建設を担当した清水・大林・鹿島・大成・竹中工務店共同企業体、その他の関係者が緊張感をもちつつ一丸となったことが大きく働いている。注3

（5）運営

・精緻なシミュレーション（図8－9）

運営体制を精査するために、事前に実際に運営状況をシミュレーションしたことも特徴のひとつである。まず、学校行事、自主事業、貸館などをどの程度想定できるかを検討し、目標とすべき365日の状況をシミュレーションした。まず確認したのは、次のような戦略である。

①シリーズ化による活動のアピール（ウェルカム月間、サークル発表月間、などネーミングと集中による発信）

②プロの楽団や既存イベントによるバリューアップ（良質なクラシック音楽公演誘導のための営業活動）

③大学の個性を生かした自主企画（講演会とコンサートの組み合わせ、集中シンポジウムなど）

内観

外観

図8-12　東北大学百周年記念会館萩ホール

・貸館収入の想定（図8-10）

次いでそれらによって、どの程度の貸館収入が可能となるかについて検討した。これらは興行場への用途変更によって可能になった部分である。

・運営を可能とする体制とランニングコスト（図8-11）

さらには、それらを可能とするため必要となる運営体制について検討を進めた。当時の我が国の独立行政法人国立大学では、自主事業・外部利用を積極的に展開しているのは、奏楽堂をもつ東京藝術大学以外にないという厳しい状況もあったが、関係者や大学上層部との真摯な協議を経て、スタッフ確保の必要性を確認する。また、仙台市の文化行政に長年携わり、（財）仙台市文化振興事業団の先駆的事業に関わった経験をもつ元市職員の志賀野桂一氏を特任教授として招聘し、専門的立場から運営に関わってもらうこととした。

・マネジメントを成功させるための後見人

これらの調整は、建築計画の枠組みの外にあり、大学の記念建物であるためにさまざまなステークホルダーが存在するといった、難しい環境下での作業でもあった。これらを曲がりなりにも遂行できた理由には、後見人の存在が大きい。特に財団側では、仁田新一理事、大学側では大西仁副学長（いずれも当時）が、設計チームを信頼し、強く支援してくれた。まだ目に見えない段階で計画の可能性を読み取り、大きく踏み込んで建築設計から運営にわたる横断的な作業を支えていただいた彼らの見識がなければこの企画の実現は到底不可能であった。

（6）実際の運営

この建築は、能公演とコンサートが一体になった華々しいこけら落としで2008年10月10日幕を開けたが、同年の大晦日には仙台では初めての「ジルベスター（大晦日）コンサート」を自主事業として行っている。正月の伝統を重んじる仙台ではお客は集まらないという風評にもかかわらず、チケットは完売し、新年を迎えるまったく新しい感動を仙台市民に与えることになった。こうした力強いスタートのおかげもあって、大学のさまざまな催しに使われるだけでなく、現在も地元新聞社との提携によるインパクトある自主事業が定常化するなど、大学の地域への貢献に大きな役割を果たしている（図8-12）。

1 小野田泰明、「せんだい演劇工房10BOX」、『新建築』7月号、新建築社、2002、177～178ページ
2 小野田泰明、「文化ホールの地域計画と建築計画に関する研究」、東北大学博士論文、1994
3 小野田泰明、「東北大学百周年記念会館・萩ホール」、『新建築』5月号、新建築社、2009

第９章　良い空間は、良い計画プロセスによって、初めて成就する。

プレ・デザイン

ここまでの論述から、良い空間を実現するためには、複雑な機能を丁寧に操作することはもちろん、そこにおけるひとの行為を意識すること、さらにはそれらを支える運営にまで目を配ることが必須であること、すなわち、プロセス全般にわたる十分な配慮が不可欠なことが理解できたと思う。

それでは、こうしたプロセスはどのようにすれば構築可能なのだろうか。プロセスを意識し、それを科学化する目論見はパース以降、プラグマティズムの伝統をもつアメリカを中心に真剣に議論されてきた。例えばウィリアム・ペニャは、名著『Problem Seeking[注1]』の中で、創造的な成果のために建築プロセスが有すべき性質をわかりやすく説明している。ウォルフガング・プレイザーも建物の使用後調査とその計画へのフィードバックをＰＯＥ（Post Occupancy Evaluation 使用後調査）として体系化した重要人物だ。[注2] プロセスに関する包括的な解説としては、ジョン・ラングによる建築計画の名著『建築理論の創造―環境デザインにおける行動科学の役割[注3]』の論述も有用だろう。

設計者の当たり外れやクライアントの思いつきで左右されないよう、良い建築に必要な条件を科学的に構築しようとするこうした問題意識は、日本における「建築計画学」においても共有されている。[注4] 建物が実際にどのように使われているか、そうした使われ方は使用者のニーズに適合しているのか、適合していないとするならば矛盾は何に起因するのか、それは空間か、使用者の慣習か、それとも運営か。もし空間の問題だとするならばどのように調整することが可能なのか。創生期の建築計画研究者である青木正夫は弁証法を活用して、こうした矛盾を解消するための建築計画プロセスの論理化を行っている。建築の目的を十分に理解し、次にその実際の使われ方から問題を発見する、そしてそれを回収するための具体的な方法を案出する、という三段論法だ。まさに、先に示したペニャやプレイザーの取り組みと軌を一にする優れた思索である。[注5] こうした論考に続く日本の建築計画の流れは、世界的に見てもレベルが高くさまざまな知見が提示されている。[注6〜11]

建築計画の巨人ウィリアム・ペニャ

先述のペニャは、「良い建物は偶然には出来るものではない。そこには何らかの共通条件が存在する」といった直感に導かれ、価値ある仕事を多数残したが、その仕事を際立ったものにしているのが、ビジネスの世界で、計画実務を実践して見せたことである。彼が建築計画事務所として大きく発展させたCaudill Rowlett Scott（CRS）は、のちに設計事務所HOKに買収されてはいるが、それでもその功績は色あせるものではない。ペニャは、良い建築が出来るには、良い建築家が良いクライアントと思慮深く、かつ協力的に仕事を進める状況が重要であり、設計の前段、Programming（建築計画）を中心としたプロセス全体を管理することが欠かせないと述べた。そのエッセンスをわかりやすくまとめた『Problem Seeking』は、世界各国で翻訳され、40年以上たった今でも版を重ねて読み続けられているが、そうした人気の秘密は偶然を必然にするヒントが平易な文章と図でわかりやすくまとめられている所にある。建築計画の役割を考える上でも興味深いペニャ流の計画プロセス各段階について、以下、筆者なりの解釈を加えながら解説していきたい。

（1）ゴールの設定（Establish Goals）

建築の本当のクライアントは、その建築を所有しているひとではなく、完成後に利用するひとたちである。しかしながら、通常の設計の打ち合わせに実際の利用者が参加することはまれで、なおざりにされがちでもある。その建物が誰のために何をすればよいかを具体的にイメージすること、すなわち明確なゴール設定を行う意義はそこにある。これによって、真のユーザーが浮かび上がり、プロジェクトを先に進めるドライビングフォースが担保されていく。

また、社会の成熟化に伴って、「機能」が中間項として取り引きされ始めると、それをより効率的に扱うパッケージとしての「施設型（ビルディングタイプ）」が創出され、一般化する。これは合理的な対応である一方で、図書館や学校を建てることでもともとの「行為」が保証されるといった誤解を誘発し、その建築で何を目指すべきかを忘去しやすくする危険性をもっている。当たり前のことだが、どんな施設型であっても建設が行為を保証することはない。何が具体的に成されるべきなのかが、まず最初に確認されなければならない。

（2）事実の収集と分析（Collect and Analyze Facts）

次に挙げられているのは、事実を集めること、つまり（1）で同定されたゴールを実態として理解するため、現状を精査することである。計画側が、秀逸なゴール設定に酔ってしまい、押さえが不十分になってしまうことは実際の業務でも起こり得るが、ゴールを具体的な機能に書き下ろして、それぞれを現実と照らし合わせながら実現方法を逐次検討するこの地味な過程を経ることで、それらは回避できる。またこの段階では、ベンチマーキングやＰＯＥといった事実を構造化し、建築の条件と照合する科学的な方法論が有効であることが多い。そうして集められた事実を、（1）のゴールという強力な光源によって照らし出すことで、建築が満たすべき与件、すなわち（3）のコンセプトが導き出されていく。

（3）コンセプトの確認（Uncover and Test Concepts）

ゴールを実現するために必要な提案のセット、それがコンセプトだ。コンセプトを整理していくことは、目的とする建築が、具体化された後にどのようなパフォーマンスを発揮するのかを見据えることであり、建築という手段を使ってゴールに到達する道筋を整理する段階でもある。すなわち、コンセプトは計画される建築の骨格を示すもので、社会的な事象を建築的な事象へと変換するヒンジでもある。この難しい判断を的確なものとするために、計画の現場ではコンセプトダイヤグラムなどを用いた突っ込んだ検討が行われる。5章でも述べたように、ダイヤグラムは空間として表象される対象ではなく、この段階でコンセプトをチェックするための道具なのである。

（4）要求の同定（Determine Needs）

コンセプトに即して建築が組み立てられるのと並行して、社会的な要求事項を整理しながら建築空間に求められる具体的なパフォーマンスを確認するのがこのフェーズだ。新しくできる建築と社会の間の適合関係をリアルに整理していくこの過程は、4章で見た面積表やバブルダイヤグラムの力を借りて、抽象的なコンセプトを具体的な機能や面積などに置き換えていく段階でもある。

（5）問題領域の設定（State the Problem）

ミッションの提示とその共有、ベンチマークの整理、コンセプトの検証、そして求められるスペックの明示というこれまで紹介した流れは、明快で理解しやすい。しかしペニャは、これで終わらずに、5番目に毛色の変わった項目を提示している。それが問題領域の設定（State the Problem）だ。プロジェクトの質を決定する最も重要な要素は、設定したゴールに対する社会的な障害をあぶり出して、それを乗り越える算段を冷徹にやり遂げることであるというこの表明によって、ペニャの論は趣の深いものになっている。同時にこのフェーズの挿入は、新しい建築の投げ込みによって社会を前に進める乱暴な運動論の作動を抑制し、運用を含んだプロジェクトとしての仕込みを可能にするものでもある。計画の初期の段階で、テーブルの上にリスクをぶちまけて整理していくのは、現代的なリスク管理論とも通底する。ゴールまでの道のりに横たわる問題を具体的にあぶり出し、挑戦しようとするこの姿勢こそ、ペニャの計画論の真骨頂といえる。

1 William M. Peña, William Wayne Caudill, John Focke, *Problem Seeking: An Architectural Programming Primer*, 1st edition 1969, 5th edition 2012, Cahners Books International, Boston, 1977／ウイリアム・ペニャ著、本田邦夫訳『建築計画の展開―プロブレム・シーキング―』、鹿島出版会、1990
2 Wolfgang F. E. Preiser, Harvey Z. Rabinowitz, Edward T. White, *Post-Occupancy Evaluation*, Van Nostrand Reinhold, New York, 1988
3 Jon Lang, *Creating Architectural Theory: The Role of the Behavioral Sciences in Environmental Design*, Van Nostrand Reinhold, New York, 1987／ジョン・ラング著、今井ゆりか・高橋鷹志訳、『建築理論の創造―環境デザインにおける行動科学の役割―』、鹿島出版会、1992
4 吉武泰水、『建築計画の研究―建物の使われ方に関する建築計画的研究―』、鹿島出版会、1964
5 青木正夫、「建築計画の理念と方法」、『建築計画学』8（学校1）、丸善、1976
6 吉武泰水他、『建築計画学』（全12巻）、丸善、1968～1977
7 西山夘三、『日本の住まいⅠ～Ⅲ』、勁草書房、1975～1977
8 住田昌二＋西山夘三記念すまい・まちづくり文庫、『西山夘三の住宅・都市論―その現代的検証』、日本経済評論社、2007
9 「吉武泰水山脈の人々」編集委員会編、『吉武泰水山脈の人々　建築計画の研究・実践の歩み』、鹿島出版会、2011
10 布野修司、『戦後建築論ノート』、相模書房、1981
11 長澤泰・伊藤俊介・岡本和彦、『建築地理学』、東京大学出版会、2007

第10章　良い計画プロセスは、社会における縦と横の信頼によって支えられている。

良いプロセスがもたらすもの

ここまで述べたように、良い建築は、偶然に作り上げられるものではなく、考えられたプロセスを経て初めて具現化する。建築家ブランドをどこかから買ってくればよいというわけでは決してない。

ここでいう「良い」とは、新しい建築の建設を通して社会に新しい「空間」が挿入され、そこから新しいつながりが生み出されていくようなものを指している。こうした状況を作り出す良いプロセスとは、建築が出来る前の段階から、その運用がシミュレーションされていること、すなわち建築が建った後、その空間で行われる行為を先んじて試すものなのである。しかしながら、さまざまな慣性力が働いている社会の中に、新しいやり方を導入することは、その接合部にさまざまな軋轢を生む。前章で見た良いプロセスが、「問題領域の設定」の必要性に言及しているのは、それ故である。

言い換えれば、優れた計画プロセスの実現のために努力することは、社会の中に存在する問題を顕在化すること、そして時にはそれと闘うということでもある。私事で恐縮だが、「せんだいメディアテーク」、「苓北《れいほく》町民ホール」、「東北大学百周年記念会館萩ホール」、やっている途中で逃げ出したくなるような辛い仕事ほど、出来た後で喜んでもらえている気がするが、プロセスがしんどい事業であればあるほどその評価が良いという事柄は、プロセスの中で完成後のソフトを試行している からかもしれない。これは社会関係資本、すなわち、ひととひとの間をつなぐさまざまな資源の布置と「空間」が深く関わっている査証でもある。良い建築は、既存の社会関係資本の布置を良い方向に変化させるが、それはプロセスにおいてまず試されていなければならないというわけだ。

比較政治学者の宮本太郎は、社会関係資本の充実に寄与するファクターとして、垂直と水平のふたつの方向における信頼関係を挙げている。注1 新しい計画の執行にはリスクが付き物だがその中で計画のプロセスを適切に進めるには、①計画を実行する側がリスクを実態的に把握し、それを組織として共有・支援すること…縦方向の信頼、②計画で影響を受ける人たちが緩やかに連携してリスクの発現に対して予防的に振る舞うこと…横方向の信頼、の両者が欠かせないのだ。①については8章の運営を巻き込んだ事例の中に、②については7章のコミュニティの気づきとプライバシーの関係の中に表れている事象でもある。

筆者は現在、東日本大震災の復興業務に関わっているが、そうしたプロセスの中で、縦方向・横方向の信頼の重要性に思い当たることも多い。その代表的事例を見ながら、計画プロセスにおける信頼の意味について考えてみたい。

縦方向での信頼

岩手県釜石市は、新日鉄の企業城下町として発展し、高い拠点性を誇る都市であったが、近年では国際的な産業構造の変革で人口の流出に苦しんでいた。そのような中で発生した東日本大震災は、中心市街地を含む沿岸域7㎢の市域を浸水させ、全壊と半壊を加えた建物被害3704戸、死者・行方不明者1040人（2013年2月末日時点）という甚大な被害をもたらした。特に津波は、釜石の歴史と個性を形成している沿岸部（東部地区）に、手ひどい被害を与えた一方で、ベッドタウンが広がる内陸部（西部地区）はほぼ無傷であった。そのため発災直後は、市の基幹機能を東部地区から西部地区に移し、都市構造を変革すべきという意見も強かった。しかしその後、さまざまな議論を経て、沿岸部の再生を通じて、拠点性を取り戻す方向性が共有されるようになっていく。

こうした経緯もあって、釜石市の復興においては、早急に明確なビジョンを市民に示すことによって、沿岸部からの人口流失を食い止めることが必須の課題であった。また、実際の復興計画の推進には、専門的ノウハウはもちろん、関係する広範な分野にわたる業務を統合的に進めなければならない。そこで市では、市民が戻って来たくなる豊かな生活環境を実現するための支援を行うとともに、市のスタッフと共働して実態的に復興の促進に当たる「復興ディレクター」という制度を、2012年10月に導入する。世界的建築家であり、「みんなの家」プロジェクトなど復興における建築の役割を真摯に考えてきた伊東豊雄、発災前から釜石の都市計画に関わってきた都市計画者の遠藤新、そして建築計画その他を担当する筆者の3人が、その任に当たることになった。注2

このディレクター制度を活用して、市では、地域との密接なコミュニケーションを通じてニーズをくみ取るとともに、実現される環境の質を確かなものとするため、主要事業については、優秀な専門家を公募プロポーザルで登用する方向性を定めていく。そして、それら個別のプロジェクトを横断的に束ねる枠組みが「かまいし未来のまちプロジェクト」だ（図10－1）。これは、丁寧な設計によって実現した優れた建築が、周辺環境を徐々に変化させていく。つまり、点から線、線から面へと復興を成し遂げていこうとする企画であり、市民・行政・事業者が、一体となることを目指して、次の3つの方向性が掲げられている。

①市民との協働…復興の主役である市民に、複雑な復興事業の本質を理解していただき、新しいまちづくりに主体的に関わるイーブンなパートナシップを構築する。
②復興業務への専門家の登用…復興への強い共感力と解決のための優れた提案力をもつ専門家と共働する。
③事業としての復興の展開…透明性と信頼をもとに事業者と行政が、困難な復興を成し遂げるための公民連携の枠組みを設定する。

しかし、厳選しているとはいえ、大量の復興業務が立て込む中で、手のかかるプロポーザルの導入を正面からうたうのは、難しいことでもある。また、関係する部局が多岐にわたり、横断的な連携もそれぞれに必要となることから、その負荷は並大抵ではない。質の高い復興という目標は、抽象的な枠組みだけではなかなか到達しがたい目標なのだ。筆者らは、発災以来長きにわたって、被災地の関係者と密接なコミュニケーションを重ねて関わってきたが[注3]、そういった実績を基盤として、復興の陣頭指揮に当たる野田市長以下、行政各担当と構造的な信頼関係を築いてきた。

この関係は、「かまいし未来のまちプロジェクト」の発表に当たって市長が述べた次の言葉にも表れている。「将来にわたって安心できる街にするには、じっくり丁寧に作らなければならない。一方で、早く作らなければならないというジレンマに陥っている。そこに専門家の知恵やアドバイスが必要になる。ジレンマの中で被災者が『作るなら良いものを作ろう』と思ってくれるような信頼関係を築いていきたい[注4]」。早く作るジレンマを越えたいという趣旨のことを行政のトップが述べるのは異例のことだが、竣工までの期日や整備戸数といった量的な指標では測れない「質」を具現化していくためには、こうした縦の信頼関係が不可欠なのである（図10－2）。

横方向での信頼

宮城県七ヶ浜町は、人口約2万人、直径5㎞の円の中にほぼ収まる小さな自治体であり、中核都市である仙台市街から約15㎞、自然が多く残る地域である。今回の津波によって町域の36％約5㎢

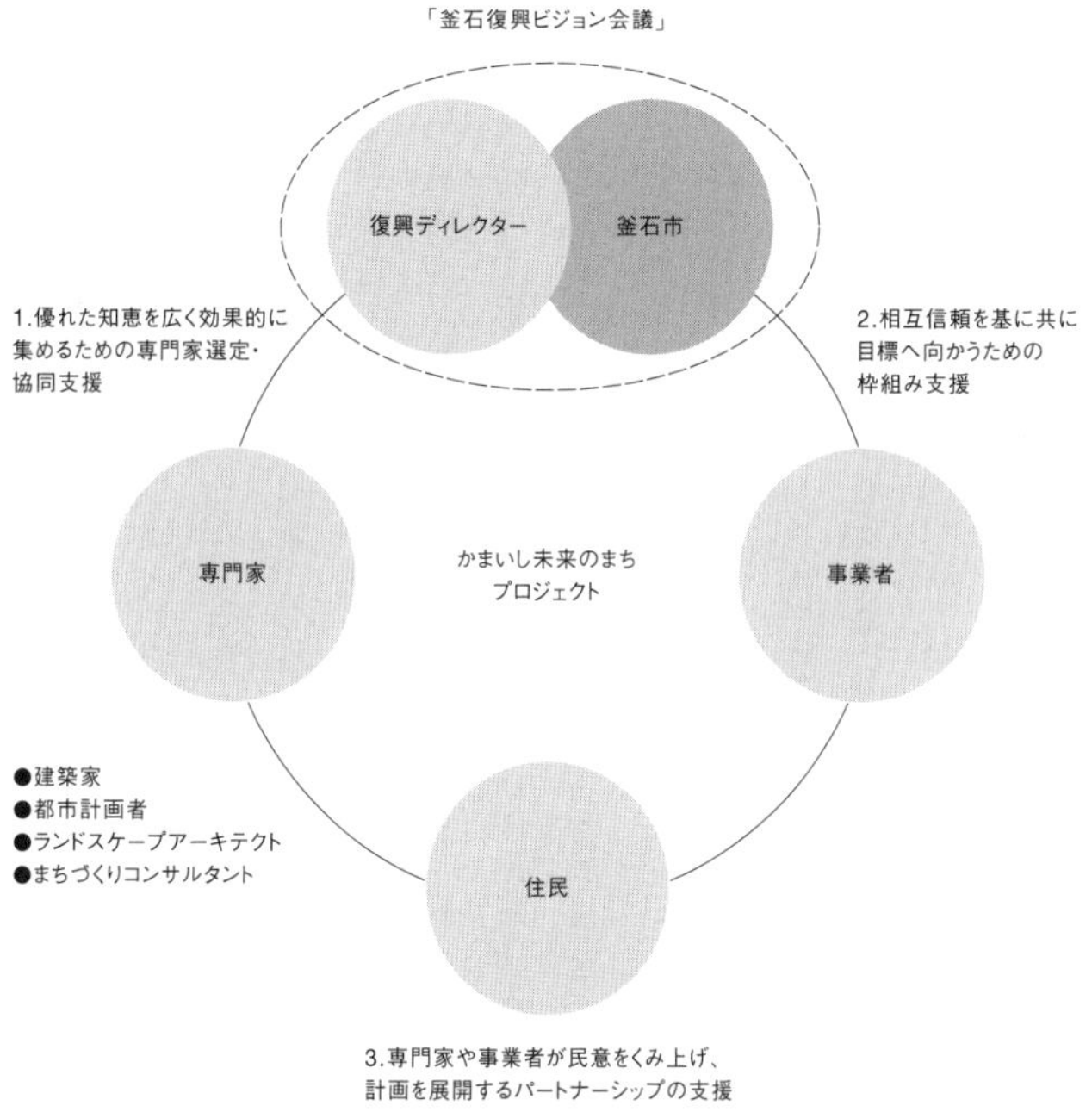

図10-1　かまいし未来のまちプロジェクト

図10-2　縦の信頼(?)（右から伊東豊雄氏、野田釜石市長、筆者）

が浸水し、全壊と半壊を加えた被災戸数は１３２３棟、死者・行方不明者合わせて１０５人（２０１３年6月1日時点）の被害が発生している。

町の復興公営住宅の整備予定戸数は２１７戸（２０１３年7月時点）で、町の総世帯数６５４０（２０１２年1月1日住基）に占める割合は約3％に抑えられている。この値は、他の被災自治体と比べても抑制されているが、これは町が、住民に制度を説明する際に精緻な対応マニュアルや負担が簡易に計算できる手作りの表計算ソフトなどを用意して丁寧に対面説明会を行った成果である。一方、そうした誘導は、復興公営住宅希望者を純化することにもつながっている。入居が想定される住民の高齢化率は高く、支援を求めている人の割合も高くなるのだ。

町では、復興公営住宅を、特に被害の大きかった5つの地域にそれぞれ整備し、復興公営住宅と地域が一対一対応になるように考えてはいたが（図10－3）、阪神大震災の事例などを参照して[注5]、コミュニティが劣化しないような配慮をさらに適用する方針を固めていく。具体的には、復興公営住宅を、リビングアクセス（第7章）などの工夫を盛り込んだコミュニティ志向の集合住宅とし、課題を緩和しようというのである（図10－4）。他方、リビングアクセスの設計は通常の北入り住居に比べて難易度が高いため、能力をもった設計者をエージェントとして起用することが重要となる。そこで、設計プロポーザルを導入して、優秀な設計者を確保することとした（図10－5）。さらには、被災自治体の公営住宅発注を支援していた宮城県の協力を取り付けて、被災地ではリスクが

プロポーザルの特性	地元のニーズ×建築家の能力 建築の再生を通してまちづくり・防災について考え、地域を再構築
全国の英知	①基幹施設（教育・福祉施設） 【施設の特性】避難幹線である県道の機能を補完する施設 【プロポーザルの特性】全国から英知を集め優れた設計者を選定 「遠山保育所改築基本設計及び実施設計業務簡易公募型プロポーザル」 「七ヶ浜中学校基本・実施設計業務委託プロポーザル」
地元に寄り添う	②災害公営住宅 【施設の特性】住民との密接なコミュニケーションが必要 【プロポーザルの特性】地元に寄り添うパートナーを選定 「七ヶ浜町災害公営住宅設計候補者選定簡易プロポーザル」
広く門戸を解放	③地区避難所 【施設の特性】住民との密接なコミュニケーションが必要 【施設の特性】基幹施設、災害公営住宅で活用した専門的な人的資源を耕す一方で、地域で丁寧な調整を行える人材の調達が必要 【プロポーザルの特性】広く門戸を開いた簡易プロポーザル 「七ヶ浜町地区避難所設計候補者選定簡易プロポーザル」

図10-3　七ヶ浜町全体図

参考計画:菖蒲田浜林合地区

住戸構成 / 階級	A: 2DK($55m^3$) 夫婦世帯用	B: 3DK($65m^3$) ファミリー用	C: LSK($55m^3$) シルバー用	計
1F	2戸	13戸	17戸	32戸
2F	23戸	9戸		32戸
3F	17戸	9戸		26戸
計	42戸	31戸	17戸	90戸
駐車場				90台

七ヶ浜町の災害公営住宅は、住み慣れた環境の中で再び生活し、地域全体で新たな福祉関係を築き上げるなど、コミュニティがもつ力強さに期待したものです。

「七ヶ浜町災害公営住宅設計者選定簡易プロポーザル実施要領」より

図10-4 七ヶ浜町復興公営住宅参考プラン

七ヶ浜町災害公営住宅

菖蒲田浜の家

災害復興住宅におけるコミュニティの発生と地域と連動した活性化を目指して、全90戸の住戸を5つの小さな集まり／コミュニティユニット（11〜22戸程度）にまとめて東西の敷地に分散配置し、緩やかに地域に開かれた3つの広場を結ぶコミュニティの小径によって結びつける構成とします。ユニット内の小さなコミュニティの場から、徐々に各ゾーン、復興住宅全体、そして地域全体に開かれていく"菖蒲田浜の家"を提案します。

コミュニティユニットの住戸構成

	東のゾーン									西のゾーン						
	コミュニティユニット															
	1			2			3			4			5			計
住戸タイプ	A	B	C	A	B	C	A	B	C	A	B	C	A	B	C	
1F	1	4	3		4	4		2	4	2	2	4		2	2	34
2F	4	4		4	4		4	2		6	2		2	2		34
3F	4	2			2	1	3	1		6			3			22
計	22			19			16			22			11			90
	57									33						

住戸タイプ　A:2DK(55㎡)夫婦世帯用　42戸
B:3DK(65㎡)ファミリー用　31戸
C:LSK(55㎡)シルバー用　17戸

駐車場は東のゾーン57台、西のゾーン33台、計90台とする。

図10-5　七ヶ浜町設計プロポーザルによる提案（阿部案）

出やすい技術面での担保を図っている。企画と運営を担う町、町が選んだ設計者、復興支援として発注業務を自治体に代わって担当する県、それらが互いに連携しながら、適切な実務環境が確保されるよう努力が重ねられている。

さまざまな業務が立て込み、マンパワーが逼迫している被災自治体においては一般的に、プロポーザルなどの手間のかかる方法は採用し難いとされている。しかし七ヶ浜町では、上述のような方法であらかじめ整備戸数を抑制したこと、さらには復興公営住宅をそれぞれの地域における新しいまちづくりの核として位置付けたことによって、このような丁寧な計画を行う余地が生み出されている。

こうした手の込んだやり方が許されるのは、住民との信頼が確保されている小規模でコミュニティがしっかりしている自治体だからともいえる。[注6] また、比較的早い時期に能力ある専門家（建築家）と契約することによって、住民への丁寧なワークショップが可能となっているが（図10－6）、彼らの参画による熱のこもったワークショップの展開は、住民の間にさらなる信頼感を醸成するという善循環を作りつつある。建設後必要となる横方向における信頼の構築が、プロセスの中で先取りされているのである（図10－7）。[注7]

図10-6　横の信頼（?）

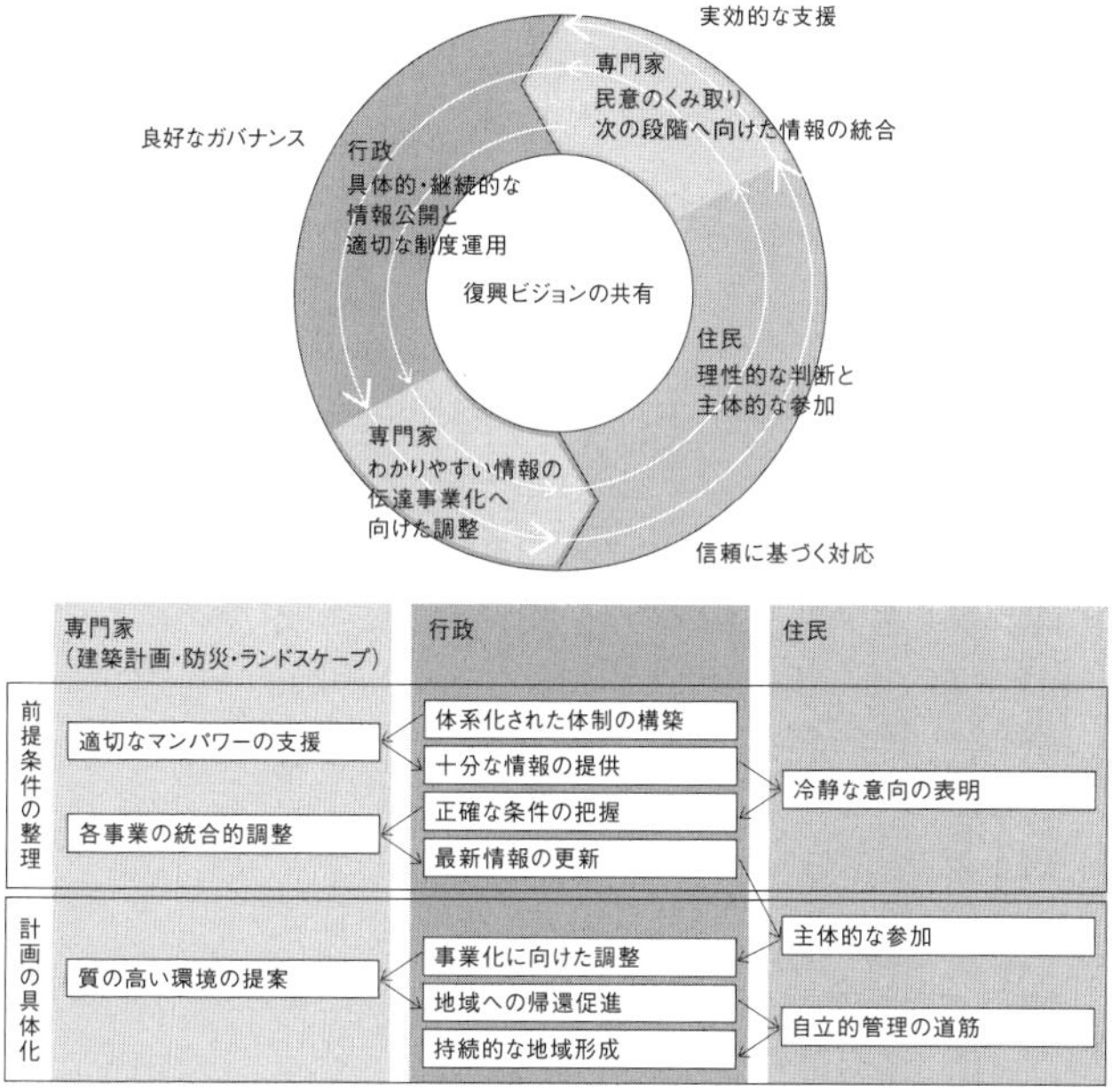

小規模自治体の長所を活かした先駆的な復興プロセス

図10-7　復興における信頼のサイクル（作成：加藤優一）

1　宮本太郎、『自由への問い2　社会保障―セキュリティの構造転換へ』、岩波書店、2010

2　小野田泰明「創造的復興計画の策定に向けて―撓まず屈せず、釜石市の計画作り」、『自治研』53、626（2011―11）〈特集　復興計画と自治体〉、自治労出版センター、2011、153～258ページ

3　Y. Onoda, "Exiting His Comfort Zone", *Jakarta Post* (2012.02.10)

4　『建設通信新聞』、2012年11月1日12面、http://kensetsunewspickup.blogspot.jp/2012/11/blog-post_1.html

5　阪神淡路大震災復興フォローアップ委員会・兵庫県、『伝える―阪神・淡路大震災の教訓』、ぎょうせい、2009

6　小野田泰明、「ホワイトナイトかゲリラか―震災復興、建築家には何が出来るのか」、『新建築』12月号、新建築社、2012、43～48ページ

7　Y. Onoda, "Reconstruction Public Housing: The Case of Shichigahama-machi in Miyagi Prefecture", *The Great East Japan Earthquake 2011*, International recovery Platform (IRP) Secretariat, 2013, pp.71-75／小野田泰明、「復興公営住宅～宮城県七ヶ浜町の事例から」、国際復興支援プラットフォーム、『東日本大震災 2011 復興状況報告書』、2013、67～71ページ

第11章　良い計画プロセスには、しっかりした職能とそれを社会に位置付ける仕組みが不可欠である。

10倍のコンサル料

これまで見たように、良い計画を実現するためには、社会的な信頼感に基づいて高度な専門性が統合的に関与していくことが求められる。そして、このような専門家の関与が安定して確保されるためには、それを継続的に調達できる仕組みが社会の中に用意されることが不可欠だ。しかし、残念なことに現在の日本におけるそれは、極めて心もとない状況にある。[注1]

図11－1は、民間の資金を活用して公共建築を計画・建設・運営するスキーマであるPFI（Private Finance Initiative）を用いた日英の図書館プロジェクトを比較したものだが、両国の違いがよく表れている。[注2] 英国の事例は、ブライトンという海沿いの街の中心に建てられた図書館（Jubilee Library）で、建物の前にある都市広場が多くの人で常ににぎわっているなど、高い拠点性を示している。また建物自身も、英国の優れた建築に与えられる総理大臣賞を受賞していることから分かるように、本が落ち着いて読める瀟洒な環境である。一方の日本の例は、同じく地方都市の中心街に建設され、PFIの好例としてよく紹介される図書館である。この事例は、幸いなことに、たまたま担当した行政スタッフが奮闘したおかげで、PFI導入の初期であるにもかかわらず事業としては気の利いた立て付けとなっており、事業者も厳しいコストの中でよくやっている。しかしこう言っては酷だが、英国との比較でみると、建築としては普通の出来で、都市的な表情も乏

		英国 -United Kingdom-	日本 -Japan-
事業概要	自治体名	Brighton & Hove City Council	E市
	事業名（図書館名）	Brighton Central Library（Jubilee Library）	E市図書館等複合公共施設特定事業（E-ML）
	実施事業内容	図書館等施設整備、図書等維持管理（運営は別）、区画全体マスタープラン作成、市の中心地区開発整備	図書館等施設整備、図書館等維持管理、図書館運営、市への床賃貸、生活利便サービス施設運営、所有権移転業務
	併設施設	カフェ、売店	保健センター、勤労青少年ホーム、多目的ホール、生活利便サービス施設
	周辺開発	アフォーダブル住宅、店舗／住宅、ホテル、ショップ／オフィス、レストラン／バー（PFI外だが、本事業による一体的開発）	計画地周辺は「シビックコア」として位置付けられ、公共公益施設を中心に市民サービスの拠点として整備（本事業の範囲外）
	事業者選定方式	Invitation to Negotiate（ITN:交渉招待方式）	総合評価一般競争入札方式
事業期間	事業の公告	Advertising project Expressions of Interest - OJEC（1999年1月）	実施方針等公表（2001年6月13日）
	事業者との契約	Contract signature - Financial Close（2002年10月21日）	本契約（2002年6月26日）
	開館	Public Opening Day（2005年3月3日）	施設オープン（2004年10月1日）
	事業公告から開館まで	**6年2ヶ月**	**3年4ヶ月**
	運営期間	25年間	30年間
建築概要	延床面積	6,450㎡	9,114㎡
	構造	PCコンクリート造、鉄骨造	鉄骨造
	階数	地上4階	地上5階、塔屋1階
概算経費	総事業費	約5,000万ポンド：全体再開発計画費 **約64.5億円**	運営費も含めた入札価格 **約116億円**
	図書館建築費	約811.5万ポンド：設計料・インフラ費用を含まない図書館建築費　**約10.5億円**	図書館建築費、設計料等を除く **約21億円**
	建築単価	1,257.69ポンド／㎡　約16万円/㎡	約23万円/㎡
	コンサルタント費用	約200万ポンド **総計　約25,800万円**	可能性調査：約430万円 アドバイザリー：約3000万円 **総計　約3,500万円**
受賞歴		Better Public Building Prime Minister's Award 2005	第1回PFI大賞特別賞 日本建築学会 中部地区学会選奨
外観写真			

図11-1　PFIによる日英の図書館PFI事業の比較（1ポンド129円のレートで換算:論文発表時による）
（作成：山田佳祐）

しく、周辺環境への貢献は限定的だ。

英国の事例では、日本の例に比べて10倍近いコンサル料・設計料が支払われ、4倍の長さの時間がかけられている。しかし、建設費は割安で、建設・運営を含めた全体では日本より安いコストで実現されている。実際に実現した建築の質や都市との優れた連携を考え合わせると得な買い物だといえる。もちろん、為替や建設業界の仕組みが異なるので単純な比較は慎むべきだが、英国の例では、優秀なエージェントを先行して雇い、そこにしっかりと仕事をさせることで、さまざまなリスクをヘッジしながら、優れた空間資源という社会価値が創出されている。しかも安い値段で。本章では、これまで触れていなかったこのようなメカニズム、すなわち良いプロセスを成就するための職能とそれを位置付ける仕組みについて考えていきたい。

孤立するクライアント

図11－2は、PFIにおけるイギリスと日本の仕組みを模式的に比較したものである。組織で対応するイギリスに比べて日本のクライアントは孤独で、一本釣りでコンサルタントや有識者を選ばざるを得ないことが見て取れるが、それは言い換えれば、担当の能力や熱意ひとつで、プロジェクトの質が変化する不安定な状況ということでもある。提案の質的な評価には、組織立てられた専門

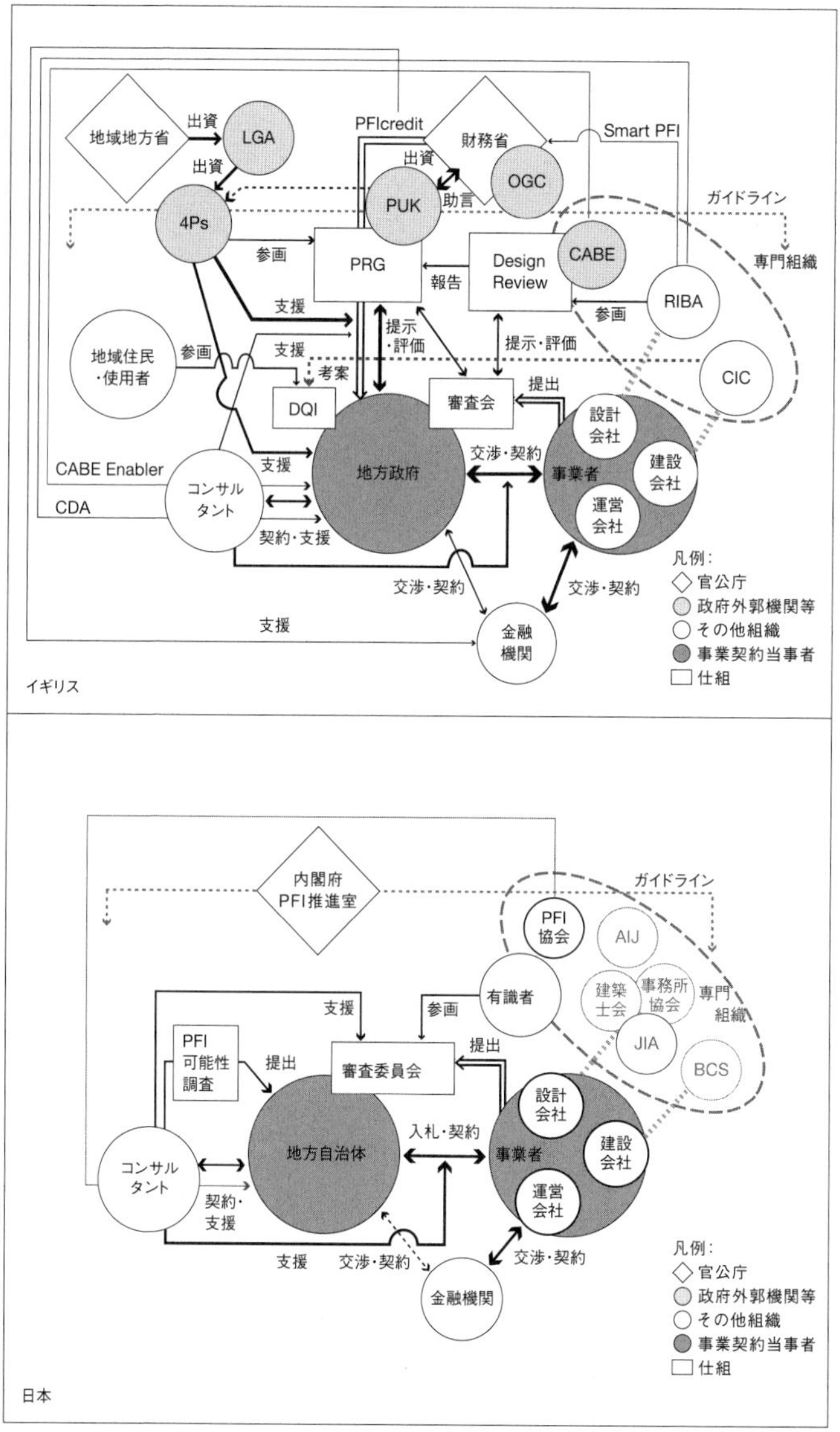

図11-2　PFI事業におけるイギリスと日本の仕組みの比較（注2）

知の関与が不可欠だが、レベルにばらつきのある有識者を審査委員会という会議で、つまみ食い的に招集することで担保しようとする楽観的な日本と、王立建築家協会（RIBA）や政府系のデザイン支援団体（CABE）など、既存の専門組織を有機的に活用することで、その実現を図ろうとする英国とでは[注3、4]、おのずとその結果は異なってくる。

英国ではゲートウェイという枠組が存在し、そこでのレビュー（講評会）を通して専門家を活用する仕組みが出来ている。RIBAやCABEといった専門的組織が優れた専門家をレビューに送り込めるのは、この枠組みがあるからである。[注5] 一方の日本では、たまたま調査業務を取ったコンサルタントが、委託業者として取りまとめた調査書が基本となって、プロジェクトは進む。筆者があるプロジェクトで参画への関心を示したコンサルタントに課したPFIに関する簡単な質問では、専門分野であるにもかかわらず、赤点を取るコンサルタントが続出した。彼らの知識も完全なものではなく、むしろ大きなばらつきがあるのだ。提案を競争させるプロポーザルは、そうした実力のない相手を除外する適切な方法であるにもかかわらず、入札が幅を利かせる日本では、その採用もなかなか難しい。属人的にしか専門家の関与が担保されておらず、英国のように仕組みとしてクライアントが支えられているわけではない。

また、日本の専門家組織が英国のそれのように社会的業務に大きく貢献できるかという点では、難しさも感じている。安い設計料で働かざるを得ない彼らの環境を考えると、献身的にやっている方だとは思うが、その関与はやはり限定的であろう。もちろん、建設会社が請負契約のもとで頑張ることが多いといわれている日本では、英国のようにコストのかかる複雑な仕組みを採用しなくても、発注に伴うリスクが顕在することは少ないのかもしれない。言い換えれば、施工者にコストオンすることで、そうした煩わしい調整コストが軽減されているともいえる。しかし、経済のグローバル化で社会的な冗長性が失われるとともに、要求のレベルが上がっている昨今、日本でもそうは言っていられない状況となっている。ということで組織的な対応が必要となってくるはずなのだが、今の日本の状況では、専門家を戦略的・構造的に活用するには、課題が多すぎる。英国のこの仕組みは、２０１０年の政権交代で大きく変化したが、それでも建築家は社会的バリューを実現する職能として理解され、社会の中で引き続き重用されている。

コンペ大国フランスを支えるプログラミスト

ＥＣ域内の契約公告のうち設計競技が占める割合は、フランス29％、ドイツ10％、イギリス１％と圧倒的にフランスの割合が高い（ＦＲＩ、１９９９）。これは、フランスの包括的な建築法、ＭＯＰ法に一定規模以上の公共建築は設計競技とすることが義務付けられているためである。特にＭＩＱＣＰという建築系の政府機関が定めるガイドラインには、設計前段階、設計競技、設計段階、

支援段階と大きく4つに整理されたプロセスの中で、関与する専門家の役割が明示されている。注6

フランスの公共建築発注で特筆できるのは、このように詳細に定められたコンペのプロセスである。提出された参加表明書の中から、5社程度を選ぶ書類審査である第1段階と、実際に報酬を払って基本設計を求める第2段階が定められており、2段階目のひとりには必ず若手建築家を入れる指示がなされている。これは、建築界という人材プールから資源を調達することで成り立っているコンペの仕組みを維持するには、人材プールが痩せ衰えることのないよう、若手を意識的に入れてその再生産を促進する必要があることを、発注側が理解していることの表れでもある。MOP法では報酬や提出物などを厳格に定めるなど、専門家が消耗しないよう注意も払われているが、こうした状況は、コンペにおいて報酬がほとんど払われず、人材プールに対して収奪的な焼き畑農業が仕掛け続けられている日本の実情とは好対照といえる。

また、こうしたコンペを支えているのが、設計の前段階の作業である。コンペにいったん出したらその内容を変えるのが難しいこともあって、フランスでは、カイエドシャージという設計要綱を丁寧に整理する段階が、明確に位置付けられている。そして、ここで中心的な役割を果たしているのが、クライアントに雇われた建築計画者、プログラミストである。建築のみならず、哲学や行政などを出自とするこの職能が、コンペを社会的に意味のあるものに仕立てている。プログラミストは、フランスにおいてもまだまだ不安定な状況にある職能のようだが、それでも日本を含めた他国でそうした職能がほとんど存在していないところを見ると、厳格にコンペを実施するこの国の仕組みがそうした職能を支えていると考えられる。

より良い建築に向けて

このように、限られた予算で、質の高い環境の構築を目指すため、欧州主要国では、それぞれの国の状況に合わせてさまざまな公共建築発注手法が採用されている。包括的な建築法を根拠に設計競技で公共調達の質を担保しているフランスでは設計要綱を整えるプログラミストの職能が発達しており、都市計画上の制限が強いドイツは分権的で、コミュニティとの対話を位置付けている「Plan B」という都市計画規定に優先権が与えられ、建築の質はそれに基づいてコミュニティレベルで精査される。フランスやドイツでは、空間のデザインに関与する専門家の権限がリスペクトされ、その職能が再生可能なように、フィーについても詳細に規定されている。一方、イギリスでは、融通がきく法律体系であるコモンローの特色を生かして、社会の変化をいち早くキャッチアップできるように、さまざまな発注方法が設定されているが、政府系組織の方でもそれを有機的に支援し得る仕組みがしたたかに作り上げられている。そして、それら複雑な仕組みを有利に進める職能として、建築家の役割は高く認知されている。

これらの国では、職能団体も社会的に尊敬され、それなりの役割を果たしている。一方、日本では、公共の発注方法は依然未成熟で、属人的力に頼っている状況にある。専門家選定のルールにも不確定な要素が多く、結果、関わったひとがたまたま良かったので、良い物が出来るというように状況は不安的だ。さらに残念なことに、大多数は設計料入札という、能力で勝負しない人材プールから、専門家を調達する厳しい状況に置かれている。頼りになるはずの職能団体も分裂し、社会的なバリューを担保する職能として専門家が位置付けられる環境には未だ至っていない。

こういうと絶望的なように聞こえるが、日本の建築家は世界で尊敬されているし、公共建築も目も当てられないほど、ひどいわけではない。これは、日本においては、それぞれの個人が研鑽を積み、そうした人を信じて仕事を組み立てる社会資本がまだ広く分布していることの表れである。しかしながら、近年のグローバリゼーションの波は、日本型のそうした基盤を大きく揺り動かしている。残念なことだが、担当者の献身的な頑張りに期待する従来の属人的な方法で良い環境を作り続けるには、社会も個人もすでに余裕を失っている。

建築家ですら、その位置付けの振れ幅が大きい日本では、建築計画を業務として云々するにはまだ遠い。しかし、ここまで述べて来たように良い空間の実現のためには丁寧なプロセスの管理が不可欠であり、事業の環境条件を的確に見極め、高いパフォーマンスを召喚し得る条件設定を仕事とする建築計画の役割は、今後ますます重要となってくるように思う。前述の諸外国の例に見るように、そうした職能を社会の中で適切に働かせるには、社会構造の中に職能をしっかり埋め込んでいくことが必須なのだ。

繰り返しになるが、初期の条件設定はやはり肝である。財源やマンパワーに黄信号がともっている現状を考慮すると、その重要性は言わずもがなであろう。日本の建築設計の質に余裕があるうちに、そうしたワークを社会の中に位置付けていくことの必要性は、もはや自明の事だと思うのだが。

1 古阪秀三、「建設プロジェクトの実施方式とマネジメントに関する国際比較研究」、『平成10・12年度 科学研究費補助金（基盤Ａ）研究成果報告書』、日本学術振興会、２００１

2 山田佳祐、辻本顕、坂口大洋、柳澤要、石井敏、岡本和彦、有川智と共同で行ったものである。
小野田泰明・山田佳祐・坂口大洋・柳澤要・石井敏・岡本和彦・有川智、「英国におけるＰＦＩ支援に関する研究　公共図書館のＰＦＩにおける日英の比較を通して」、『日本建築学会計画系論文集』No.６５７、２０１０、２５６１〜２５６９ページ

3 辻本顕・小野田泰明・菅野實、「日本におけるＰＦＩの成立と公共建築の調達に関する研究」、『日本建築学会計画系論文集』No.６０５、２００６、85〜92ページ、3、坂井文、「近年イギリス都市計画におけるデザイン管理の支援システムに関する研究―ＣＡＢＥ（建築都市環境委員会）設立の背景に着目して」、『日本建築学会計画系論文集』No.６３５、２００９、１５３〜１６０ページ

4 David M. Gann, Ammon J. Salter, Jennifer K. Whyte, "Design Quality Indicator as a Tool for Thinking", *Building Research & Information*, 31-5, Taylor & Francis, London, 2003, pp.318-333

5 発注者の役割特別研究委員会（代表・古阪秀三）、「建築プロジェクトにおける発注者の役割特別研究委員会報告書」〈特別研究42〉日本建築学会、２００９

6 山口康平・小野田泰明・山名善之・柳澤要・姥浦道生・坂口大洋、「フランス、ドイツにみる公共建築の発注手法に関する研究」、『日本建築学会学術講演梗概集』、35〜36ページ、２０１２

あとがき

現在、筆者の生活の多くは、東日本大震災の復興に割かれている。

そこには、膨大な業務の中、専門家としての矜持を失わないよう、ミッションに向き合い続ける日常がある。本書は、一部被災地のことに触れてしまったが、これらの多くは現在進行形であり、忸怩《じくじ》たる部分も多い。本来的には、評価は未来に託すべき事項であろう。そういうことで、本文中のフライング気味の記述についてはご寛容願いたい。

それでも、こういった現場で、住民との密接なコミュニケーションは保ちながら、土木技術や地域経営の視点を加味して、冷静に実践を展開できているのは、この本にあるように、建築の計画・設計だけでなく、発注業務やコスト管理なども研究領域に抱えていることが効いているようにも思う。幾人かが成し遂げている優れた復興の先例が示すように、適切な選択肢を十分に開拓する技術力と、住民とのしっかりとした情報共有を可能とするコミュニケーション力、さらには関係者との相互信頼こそ、復興の質に直結するのだろうから。もちろん、行政の犬と侮蔑されないよう、緊張感は常に必要だが。

TOTO出版の遠藤信行編集長に勧められて、この本の執筆を始めたのが、2010年の末だったと思う。その後、前述のような災厄に巻き込まれ、大きな迷惑をかけてしまった。また私自身、こんな裏方の地味な話を誰が読むのだろうと猜疑心に駆られたり、後方で筆を取る時間があったら少しでも現場で過ごす時間に使うべきではないかと迷ったり、さまざまな理由をつけて、執筆を投げ出そうとするたちの悪い書き手でもあったと思う。その都度、「あなたは自分の仕事のことをちゃんと書くべきです」と、毅然と、また粘り強く叱咤していただいた氏がいなければ、この本はここには存在していない。まず最初に感謝したい。

この本には「苓北町民ホール」や「S社本社ビルプロジェクト」の記述はほとんど入っていない。私自身にとって大きなプロジェクトであったこれらが入っていないのは、自分でも片手落ちだとは思うが、難しいプロジェクトであったために、11箇条を横断する記述とならざるを得ず、あえて入れることはしなかった。これらは、優れた建築家と非常に深く関わったという意味において、私自身のキャリア形成に大きな影響を与えているが、共働した建築家・阿部仁史氏の存在がなければ、ここまで自分の職能を厳しく突き詰めることはなかった。現在は、アメリカを基点に国際的に活躍している氏にも深く感謝したい。

それと対照的に、この本に頻出しているのは、「せんだいメディアテーク」である。建築計画者としてのスタートを決定付けたこのプロジェクトがなければ、現在の私はなかったと今でも思う。当時「お前がいつも言っていたことの多くがこのプロジェクトの中にある。死力を尽くしてこれに取り組め、責任は全部俺が取ってやる」とサラリーマン漫画に出てきそうなセリフで、私にこのプロジェクトを任せ、乗せ、そして言葉通りにしりぬぐいをしていただいた菅野實先生がいなければ、私は多分、中途半端な建築人で終わったに違いない。さらに、「せんだいメディアテーク」の現場で新しい建築の実現に向け毅然とした姿勢を見せてくれた、伊東豊雄先生にも多くを負っている。氏が壁をなくそうと本気で思わなければ、２〜３章に見られるような行為と機能に関する着想は生まれなかった。今も復興で力をお借りしているが、実に奥行きの深い建築家だと思う。もちろん、ヨコミゾマコト、古林豊彦、松原弘典ら才能豊かで個性的なスタッフから現場で教わったことも多い。そして、優秀な行政マンと仕事をする楽しみを教えてくれた奥山恵美子氏（現仙台市長）にも感謝だ。今、被災地の復興担当の方々と相互にリスペクトしながら業務がやれているのは、奥山さんをはじめ、仙台市の優秀なスタッフと現場を共有した経験の賜物である。

このように曲がりなりにも働けたのは、学部を出たてで右も左も分からない筆者を根気よく指導してくれた先達の存在がある。手取り足取り計画業務を教えてくれた東北大学施設部の佐々木紀安係長（当時）、設計の方法論を丁寧に教えてくれた建築家の鄭賢和氏、藤本宣勝氏（故人）、針生承一氏、社会とのつながりに目を開いてくれた北原啓司氏、無名の若者に根気よく付き合ってくれた彼らから得たものは、今も貴重な財産である。もちろん、研究室の筧和夫先生、松本啓俊先生には、至らぬところがありながらいろいろとご指導いただいた。清水裕之、本杉省三、長澤悟、上野淳、小林秀樹、といった優れた建築計画者でもある諸先輩にも感謝の意を表さなければならないだろう。良質なロールモデルがなければ、とうに迷子になっていたに違いないから。研究者としては、守屋秀夫（故人）、門内輝行、服部岑生、布野修司、古阪秀三、といった社会に対する強固な問題意識と深淵な知性をもった個性豊かな武闘派研究者

（？）の方々に可愛がっていただいたことは、大きな糧となっている。もちろん、槇文彦、山本理顕、みかんぐみ、千葉学といった実務を協働させていただいた才能ある建築家の方々から教わったことも多い。特に山本理顕、阿部仁史、矢口秀夫（阿部仁史アトリエ）、八重樫直人、平田晃久らには図版の借用をころよく承諾していただいた。本書で挙げた劇場関係の施設については、研究室の助教を長く務めてくれた坂口大洋氏がいろいろと助けてくれた。今は、日本を代表する劇場研究者となられた氏の若き日の働きは代え難いものである。

在外研究員としてUCLAに滞在した時に受け入れてくれたベン・レフェルゾ教授とレベッカ・レフェルゾにもお世話になった。不器用だが、設計と研究の両者をつなぐ地道な活動に取り組むベンの姿から、当時その両立に悩んでいた私が得たものは計り知れない。また、この期間、英語で書かれた専門書を深く読み込めたことも大きい。世界のことに目が開かれていなければ、個別の現場にここまで集中することはかなわなかったように思う。

家族や友人、大学のスタッフ、学生の皆さん、そして復興業務に関わる多くの共働者に支えられて、今もなんとか生きている。石田壽一、五十嵐太郎、本江正茂らの同僚や、驚異的な頑張りを見せる佃悠助教、岩澤拓海研究員ならびにその同年代のスタッフにも多くを負っている。災害研復興チームのみんなにも感謝だ。こうした支えがなければ、仕事に正面から向き合うこともできなかった。私自身は、常識的で地味なパーソナリティであると思っているのだが、実際には秘書の浅野志保氏、ＳＳＤの鎌田恵子氏をはじめ学生諸君にも面倒をかけてしまっている。また、研究室を卒業した多くの優秀な学生諸君のお陰でさまざまな事象を明らかにすることもできた。彼・彼女らにも深く感謝したい。遅々として進まない作業状況の中、タスクを的確に差配していただいたＴＯＴＯ出版の田中智子さん、南風舎の平野薫さんにもお世話になった。さらには、装丁のみならず論文用の図表を美しくリライトしていただいたデザイナーの中島英樹さん、スタッフの神田宇樹さんにも感謝を申し上げたい。

この本の内容は、個人的な経験が基礎資料となってしまっているので、建築計画者の職能を説明した本としては、随分偏ったものになっている。私自身の力不足故、居住論、施設論、都市論、その他についてはごっそり抜け落ちている。それでも、いろいろと誤解を受けているこの職能に対する理解が少しでも広がるきっかけになればありがたい。

もちろん、私自身もまだまだ半人前だ。段々と根気が続かなくなってはいるが、さらに鞭打って、世の中のプロジェクトの可能性を少しでも高めることにお役に立っていきたい。

最後に若い人に。設計ができないから計画者になりたいという人には、設計の前段を扱うこの仕事には、のちに来る設計の可能性を見極める細心の注意が求められることを思い起こしてほしい。設計が分からないため、事業に潜在している可能性をぶち壊しにしてしまう罪は重い。また、他人の才能をリスペクトする耐性もこの仕事にとっては重要だ。もっとも、これらは若いうちに高い技術をもった人間が関わる厳しい現場を経験することでしか涵養できない性質のものなので、注意が必要だが。

これができて、裏方向きの変わった志向をもっている人はどうぞ。きっと面白いと思う。

2013年7月

クレジット一覧

●写真・図版提供
©FLC / ADAGP, Paris & JASPAR, Tokyo, 2013
D0283 Le Corbusier Un jardin-suspendu 23ページ図1-3
気象庁HP 31ページ図2-2（下）
平田晃久+平田晃久建築設計事務所 55ページ図4-1、63〜65ページ図4-3、4-4、4-5
山本理顕+山本理顕設計工場 77ページ図5-4、5-5
八重樫直人+ノルムナルオフィス 119ページ図8-1、127ページ図8-5
東北大学総務部広報課 137ページ図8-12
有限会社阿部仁史アトリエ 158〜159ページ図10-4、10-5
小野田泰明+東北大学建築計画研究室 右記の写真・図版以外すべて

●協力
伊東豊雄+伊東豊雄建築設計事務所

●出典
LE CORBUSIER et Pierre Jeanneret, OEUVRE COMPLETE 1920-1929, Lwe Editions d'Architecture: Zurich, 1964, p.183 23ページ図1-3
James J. Gibson, The Ecological Approach to Visual Perception, Houghton Mifflin, Boston, 1979, p.139 29ページ図2-1
山本理顕、『新編 住居論』、平凡社ライブラリー、2004 47ページ 77ページ図5-4（右）、5-5
上野千鶴子、『家族を容れるハコ 家族を超えるハコ』、平凡社、2002 152ページ 77ページ図5-4（左）
日本建築学会編、『現代集合住宅のリ・デザイン』、彰国社、2010 104ページ図7-2
小野田泰明、『文化ホールの地域計画と建築計画に関する研究』、東北大学博士論文、1994 124〜125ページ図8-3、8-4

＊本書で使用している写真の著作権者については、できるかぎり正確な表記をするよう努めましたが、著作権者のうち連絡を取れない方がいます。お気づきの方はＴＯＴＯ出版までご連絡ください。

●編集協力
南風舎

小野田泰明（おのだ・やすあき）

1963年石川県生まれ。博士（工学）。一級建築士。1985年HPデザイン・ニューヨーク。1986年東北大学工学部建築学科卒業。1998～1999年カリフォルニア大学ロサンゼルス校客員研究員（文部省在外研究員）。2007年～東北大学大学院教授。2010年～重慶大学客員教授。2012年～東北大学大学院都市・建築学専攻長。2013年～日本建築学会理事。

現在、岩手県釜石市にて復興ディレクター、宮城県石巻市復興推進会議副会長、宮城県七ヶ浜町復興アドバイザーなどを務める。

1996年日本建築学会論文奨励賞、2003年日本建築学会作品賞（阿部仁史と共同受賞）、2009年同教育賞、2011年グッドデザイン賞、2012年BCS賞。

主な著書に『オルタナティブ・モダン――建築の自由をひらくもの』（共著、TN Probe、2005）、『モダニティと空間の物語』（共著、東信堂、2011）など。

建築計画者として「せんだいメディアテーク」（2001）、「横須賀美術館」（2007）に関わる。

建築作品に、「くまもとアートポリス・苓北町民ホール」（阿部仁史と共同、2002）、「伊那市立伊那東小学校」（みかんぐみと共同、2008）ほか。

TOTO建築叢書 3

プレ・デザインの思想

建築計画実践の11箇条

2013年9月20日　初版第1刷発行
2022年10月1日　初版第3刷発行

著　者　小野田泰明
発行者　伊藤剛士
発行所　TOTO出版（TOTO株式会社）
〒107-0062 東京都港区南青山1-24-3 TOTO乃木坂ビル2F
［営業］TEL. 03-3402-7138　FAX. 03-3402-7187
［編集］TEL. 03-3497-1010
URL: https://jp.toto.com/publishing
印刷・製本　図書印刷株式会社

Printed in Japan
ISBN978-4-88706-335-8